中国金融市场发展报告

2018

中国人民银行上海总部《中国金融市场发展报告》编写组

中国金融出版社

责任编辑：童祎薇
责任校对：张志文
责任印制：程　颖

图书在版编目(CIP)数据

中国金融市场发展报告2018/中国人民银行上海总部《中国金融市场发展报告》编写组编. —北京：中国金融出版社，2019. 6
ISBN 978-7-5220-0099-2

I.①2… II.①中… III.①金融市场—研究报告—中国—2018 IV.①F832. 5
中国版本图书馆CIP数据核字（2019）第087715号

中国金融市场发展报告2018
Zhongguo Jinrong Shichang Fazhan Baogao 2018
出版
发行　中国金融出版社
社址　北京市丰台区益泽路2号
市场开发部　(010)63266347，63805472，63439533 (传真)
网上书店　http://www.chinafph.com (010)63286832，63365686 (传真)
读者服务部　(010)66070833，62568380
邮编　100071
经销　新华书店
印刷　北京市松源印刷有限公司
尺寸　210毫米×285毫米
印张　9.75
字数　200千
版次　2019年6月第1版
印次　2019年6月第1次印刷
定价　106.00元
ISBN 978-7-5220-0099-2
如出现印装错误本社负责调换　联系电话（010）63263947

Committee 编写委员会

主　任：刘国强

副主任：纪志宏　金鹏辉

执行副主任：郑五福　马贱阳

成　员（按姓氏笔画排序）：

孔　燕　刘建红　刘　逖　何海峰　李海超　宋钰勤
张翠微　周自立　周荣芳　荣艺华　梅云波　韩　平
彭　明

执笔并统稿：

杜海均　曾梓梁　邓凌媛　王雯珠　崔林菁　杨　婕
王丽洁　邹　琼　唐　烈　王同益

其他执笔人（按姓氏笔画排序）：

马隽卿　尹昱乔　王　凡　王　飞　王浩年　王　然
叶可松　向立力　江会芬　闫丽娟　宋玮玮　张一铮
张　颂　张婕轲　张　瑾　张　璨　杨宗杭　陈小五
陈嘉男　周庆武　孟令阔　郑玉玲　郑如斯　郑凌云
侯海婷　胡迎春　赵云霄　贾　颖　郭建锋　郭辉铭
常　明　常鑫鑫　谢国晨　腾　杨　雷昭明　缪斯斯

Contents 目录

中国金融市场发展报告2018
CHINA FINANCIAL MARKET DEVELOPMENT REPORT 2018

第一章 总 论

2018年全球经济增长势头放缓，国际金融市场走势分化，整体金融环境有所收紧。面对国内外经济金融影响因素增多的复杂环境，中国经济发展总体平稳，经济运行保持了较强韧性。金融市场运行稳中有进，市场改革与创新持续深入，服务民营企业、小微企业等实体经济功能更趋优化，对外开放举措有序推进，市场化、法治化防范化解金融市场风险取得积极成效，金融市场稳步发展。

一、2018年中国金融市场发展的宏观环境分析

（一）国际经济与金融形势

国际货币基金组织预估2018年全球增长率为3.7%，低于2017年3.8%的全球增长率，并将2019年和2020年世界产出增长预测值进一步调低到了3.5%和3.6%[①]，显示全球经济扩张有所减弱。2018年全球金融状况趋紧，国际金融市场走势分化、波动加剧。

1. 全球经济增长势头趋缓、分化加大

（1）经济增长速度整体减弱。

2018年世界经济增长动力减弱，除美国等少数国家的增速继续上升以外，大部分经济体经济增速回落。2018年美国GDP增速为2.9%，各季度经季节调整的实际GDP年化增速分别为2.2%、4.2%、3.4%和2.2%；欧元区增速放缓，2018年实际GDP增长2.0%，同比下降0.4%；日本实际GDP增长0.7%，较2017年大幅下降1.6%。受“脱欧”进程不确定性的影响，2018年英国GDP增幅较2017年下降了0.3%，为2012年以来最低。新兴市场与发展中经济体经济增速明显分化。拉美和加勒比地区整体GDP增长率下降至1.2%，同比下降0.1%；南非GDP增速仅为1.5%；巴西经济进一步好转，GDP增长率由2017年的1.0%上升至2018年的1.4%；俄罗斯GDP增长率微增至1.7%，同比增长0.2%。

① 数据来源：国际货币基金组织2019年1月《世界经济展望》。

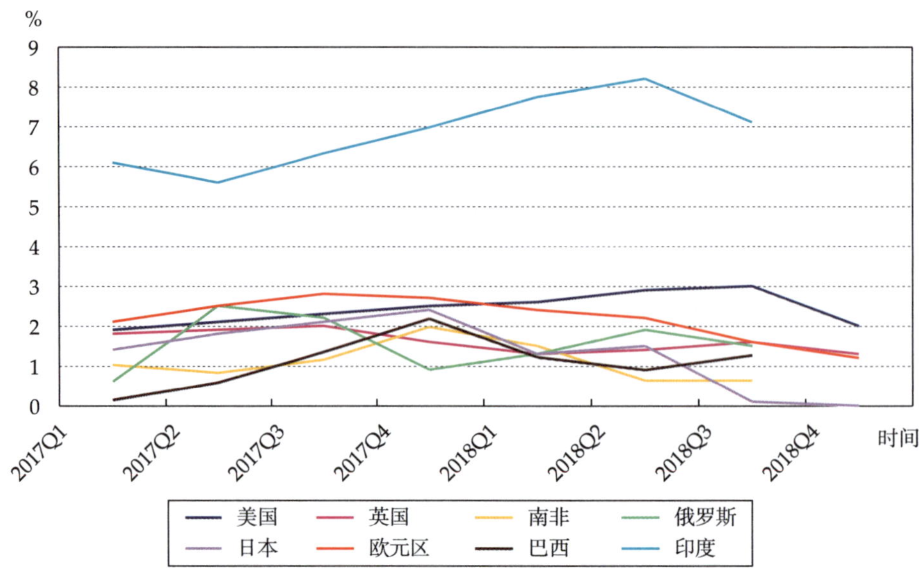

注：数据为各主要经济体实际GDP增长率。

资料来源：彭博社。

图1-1 2017—2018年主要经济体经济增速

（2）全球贸易增长速度回落。

2018年国际贸易摩擦加剧，全球贸易总值增速由2017年的5.3%降至3.8%。前三季度，世界货物出口额同比增长率分别为14.3%、12.7%和8.4%，增速不断下滑；排除价格因素后的实际世界货物出口总量同比增长率分别为3.7%、3.1%和2.7%，比上年同期分别下降了1.1个、0.8个和2.3个百分点。全球贸易活跃程度领先指标波罗的海干散货运价指数（BDI）由年初的1 152点降至3月末的1 055点后，攀升至7月末的1 747点，转而连续下跌至年末的1 231点。发展中国家和地区前三季度商品进出口数量分别同比增长5.06%、2.38%和3.49%，增长率同比分别下降0.19个、3.14个和3.42个百分点。其中，亚洲前三季度商品进出口数量同比增长4.64%、3.02%和3.86%，增长率比上年分别下降了2.38个、2.94个和3.05个百分点。

（3）国际直接投资明显下降。

2018年全球外商直接投资（FDI）流入额为1.43万亿美元，同比下降23%。其中，发达经济体FDI流入额仅为7 129亿美元，同比下降37%。发展中经济体FDI流入额约为6 707亿美元，其中，中国和印度分别吸引FDI流入额1 363亿美元和399亿美元——同比分别上升和下降了1.9%和9.5%。在流出方面，2018年欧盟对外直接投资4 357亿美元，同比下降3.8%；日本对外直接投资1 604亿美元，同比增长10.5%；美国对外直接投资3 423亿美元，同比增长21.7%。亚洲发展中经济体对外投资额为3 501亿美元，同比减少9%。

（4）国际油价波动明显，大宗商品价格不断走低。

以美国西得克萨斯轻质原油（WTI）衡量的国际油价大幅震荡，一度由年初的60.37美元/桶上升到2018年5月23日的71.84美元/桶，此后震荡上升至2018年7月3日的74.14美元/桶，随后连续不断跌至年末的45.41美元/桶。

彭博大宗商品价格指数从年初的88.1647震荡上升至2018年5月23日的91.5724后，一路震荡下跌至年末的76.7154。粮农组织食品价格指数全年平均值为168.4点，比2017年下降约3.5%。多数有色金属价格下跌，截至2018年年底，伦敦金属交易所（LME）A级铜报收5 965美元/吨，同比下降17.2%；铝合金报收1 410美元/吨，同比下降21.9%；锌报收2 467美元/吨，同比下降26.1%；铅报收2 021美元/吨，同比下降18.7%；镍报收10 690美元/吨，同比下降15.9%。国际贵金属行情横盘震荡，伦敦现货黄金年末定盘价为1 281.65美元/盎司，较2017年年末下跌1.15%。

2. 全球金融市场走势分化

（1）全球主要发达经济体货币政策有所收紧。

2018年美国经济本轮复苏增长见顶、通胀增速放缓，美联储全年四次加息，维持每月500亿美元的资产负债表缩减幅度。欧洲央行于12月底结束了2015年出台的量化宽松政策（QE），正式停止债券购买计划，并首次明确再投资将持续到首次加息后。英格兰银行自金融危机以来实施第二次加息。加拿大央行全年三次加息。日本央行宣布短期利率目标保持不变。

（2）多数国家股市震荡下跌。

涵盖48个国家多数股票的标准普尔指数振幅较大，年初上涨至2 839.31点后迅速跌至2 581点，然后在不断震荡中逐渐攀升至9月20日的2 930点，随后震荡下跌，最终收于2 485.74点。德国、法国、英国、日本、南非股市都有一定幅度的下挫，分别下跌20.7%、14.5%、12.8%、15.6%和12.2%。美国、俄罗斯和阿根廷股市小幅下跌，分别为8.8%、3.9%和5.9%。巴西股市经历年中的暴跌后强势反弹，最终收于87 887.26点，涨幅为11.15%。

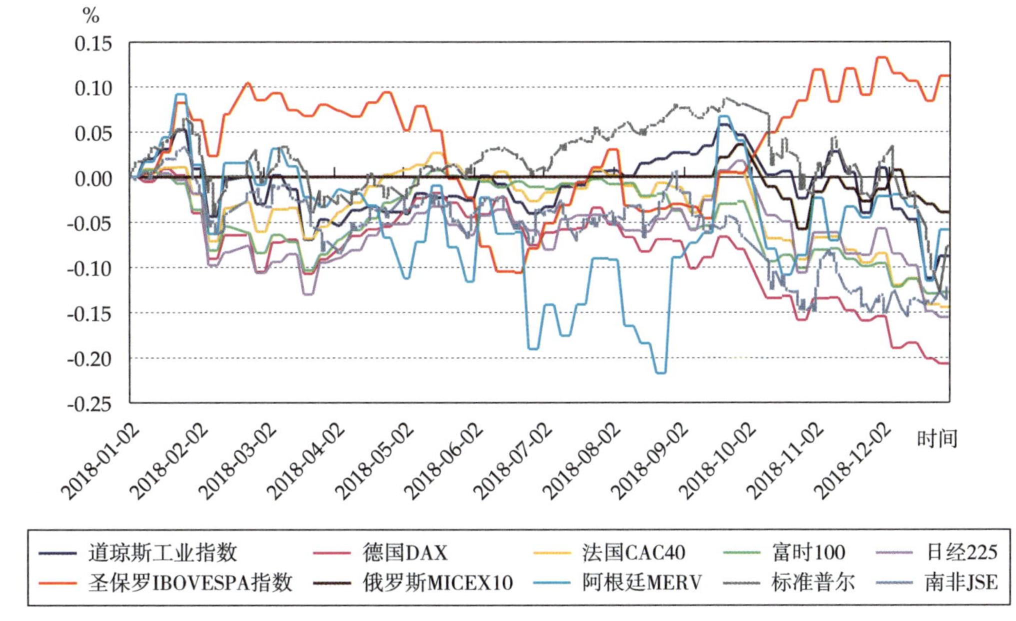

资料来源：彭博社。

图1-2 2018年主要经济体股票指数涨幅走势

（3）主要发达经济体国债收益率上行。

2018年全球债市走势整体较为平稳。美国10年期国债收益率先升后降，由年初的2.29%上升至10月5日的3.07%，随后回调收于2.556%，涨幅为11.6%。德国10年期国债收益率稳中有降，收于0.239%。法国10年期国债收益率走势与德国类似，收于0.705%。英国10年期国债收益率整体平稳，收于1.226%，较年初上涨1.8%。在日本央行提出将维持10年期国债收益率在0%附近不变后，日本10年期国债于年末回到负值，为-0.05%。

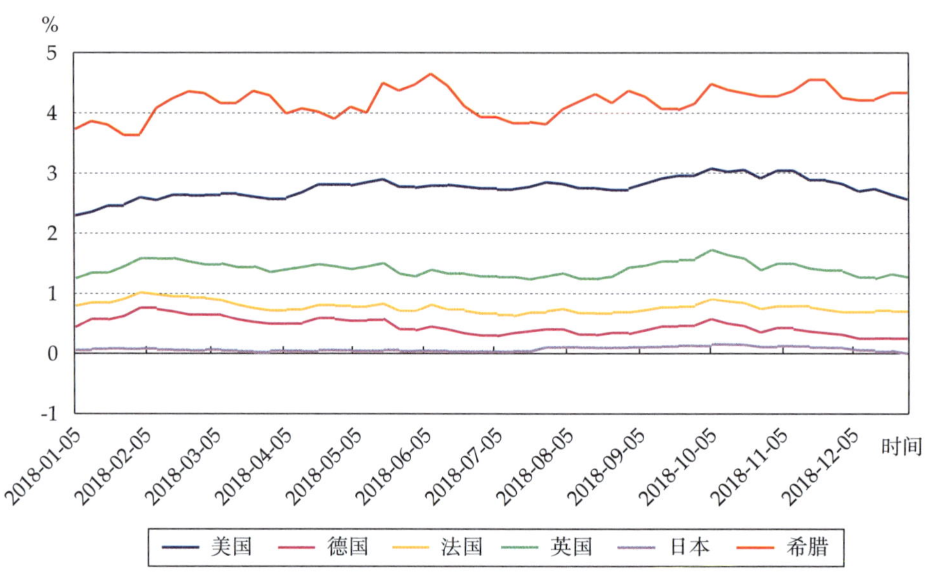

资料来源：彭博社。

图1-3 2018年主要发达经济体10年期国债收益率走势

（4）美元升值明显，其他主要货币贬值不一。

2018年年末美元指数收于96.07，全年上升4.14%，美元指数较2017年下跌9.89%的水平大幅上行。除日元外，主要货币对美元贬值，欧元对美元全年贬值5.13%，英镑对美元贬值6.15%，日元对美元升值——升值幅度为2.6%。多数新兴市场和发展中国家货币对美元贬值，印度卢比、马来西亚林吉特、墨西哥比索相对美元分别下跌9.9%、2.8%和0.6%，巴西雷亚尔、俄罗斯卢布和南非兰特对美元跌幅较大，分别为19%、20.6%和15.1%，阿根廷比索和土耳其里拉发生断崖式下跌，相对美元跌幅分别达到104.4%和40.4%。

注：以2018年年初为基准。
资料来源：彭博社。

图1-4a 2018年主要货币汇率走势

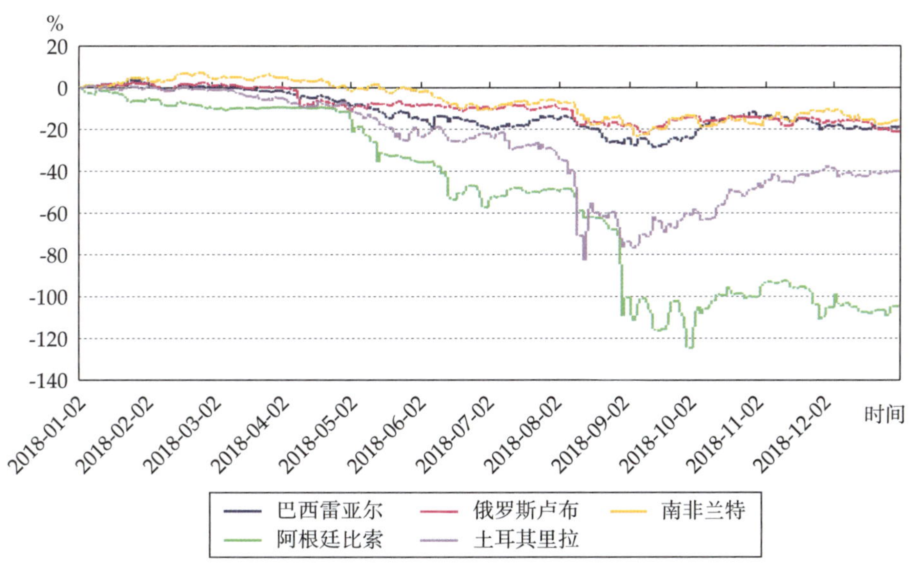

注：以2018年年初为基准。
资料来源：彭博社。

图1-4b 2018年主要货币汇率走势

（二）国内经济与金融环境

2018年，国民经济保持合理运行区间，总体平稳、稳中有进。全年国内生产总值（GDP）增长6.6%，实现了6.5%左右的预期发展目标。货币政策保持稳健中性，金融业对外开放取得积极进展，金融监管协同联动机制进一步加强，保障了稳定适宜的国内金融环境。

1. 国民经济运行总体稳定，经济增长保持韧性

（1）经济运行稳中有进。

2018年GDP继2017年突破80万亿元大关后，攀上90万亿元的新台阶，2018年GDP增量接近8万亿元。全年CPI比上年上涨2.1%，低于3%左右的预期涨幅。全年城镇新增就业1 361万人，比上年多增10万人，连续6年保持在1 300万人以上，完成全年目标的123.7%；城镇调查失业率全年保持在4.8%~5.1%，实现了年初提出的低于5.5%的预期目标。2018年全国居民人均可支配收入28 228元，比上年名义增长8.7%，扣除价格因素实际增长6.5%，快于人均GDP增速。货物进出口总额305 050亿元，首次超过30万亿元，创出历史新高。

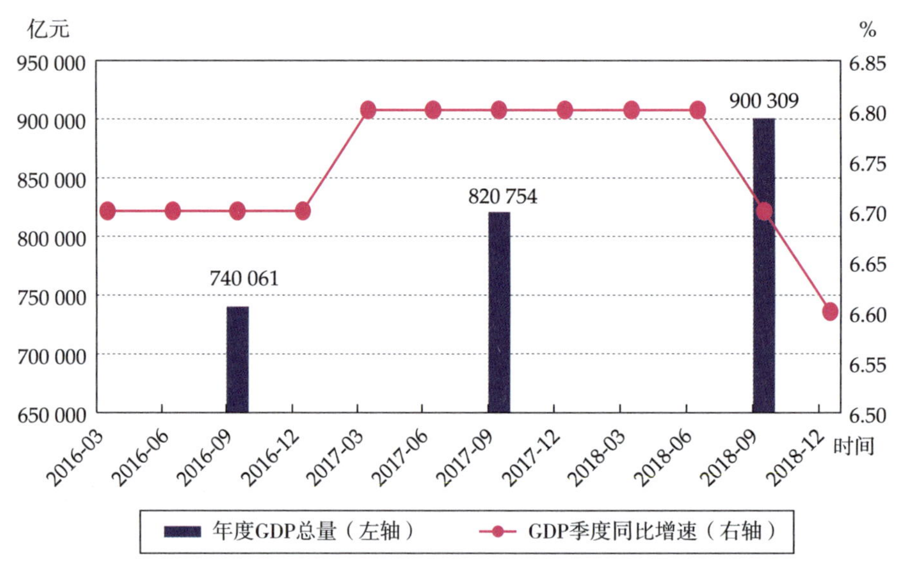

资料来源：CEIC DATA。

图1-5 2016—2018年中国GDP季度增速和年度总量

（2）经济结构持续优化。

消费升级类商品保持较快增长，最终消费对经济增长的贡献率达到76.2%，比上年提高18.6个百分点，比资本形成总额高出43.8个百分点，消费对经济增长的主拉动作用进一步增强。固定资产投资内部结构明显优化，民间投资同比增长8.7%，较上年加快2.7个百分点；制造业投资同比增长9.5%，较上年加快4.7个百分点，其中高技术制造业、装备制造业投资比上年分别增长16.1%和11.1%。全国规模以上工业增加值增速缓中趋稳，高技术制造业、战略性新兴产业和装备制造业增加值同比增速比整体增速分别快5.5个、2.7个和1.9个百分点，工业发展加快向中高端迈进。全国服务业生产指数比上年增长7.7%，保持较快增长速度，第三产业占GDP的比重达到52.2%，在经济发展中发挥了“稳定器”的作用。

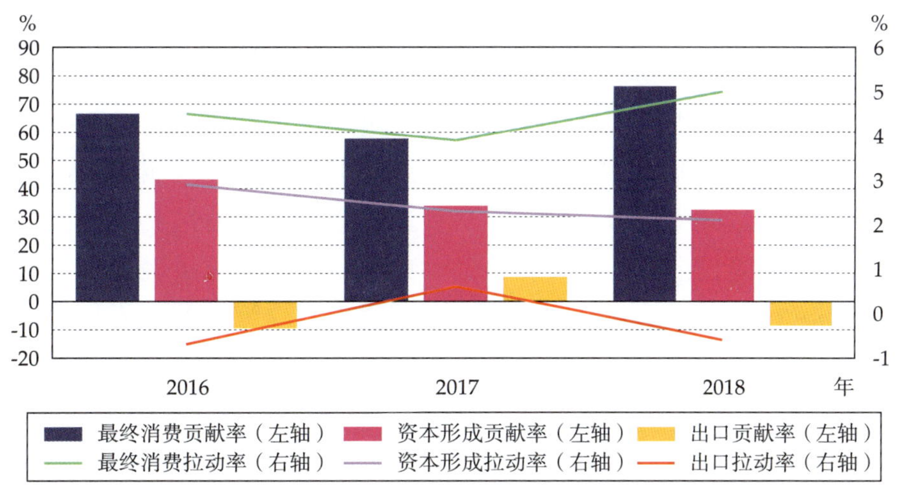

资料来源：国家统计局官网。

图1-6 2016—2018年三大需求对经济增长的贡献率和拉动率

2. 金融环境总体平稳，金融业运行保持稳健

（1）货币增量增长保持稳定，人民币贷款持续较快增长。

2018年12月末，广义货币供应量M2余额为182.67万亿元，同比增长8.1%。人民币贷款余额为136.3万亿元，同比增长13.5%，增速比上年同期高0.8个百分点，金融机构贷款持续较快增长。社会融资规模增量累计为19.26万亿元，其中，对实体经济发放的人民币贷款增加15.67万亿元，同比多增1.83万亿元，占同期社会融资规模的81.4%，同比多增19.6个百分点；企业债券净融资2.48万亿元，同比多增2.03万亿元。12月社会融资规模增量为1.59万亿元，比上年同期多增33亿元。

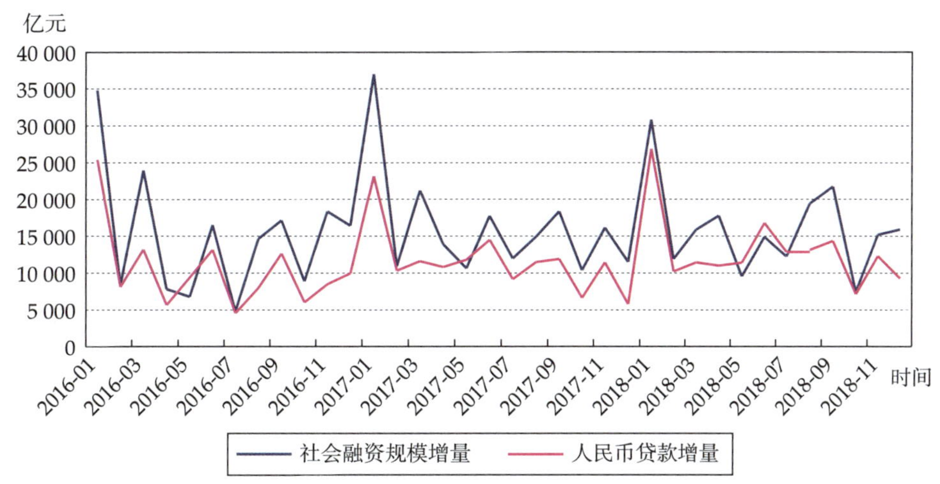

资料来源：中国人民银行官网。

图1-7 2016—2018年社会融资规模和人民币贷款增量统计

（2）金融业运行总体平稳，行业资产总量保持稳定增速。

银行业发展规模保持增长，风险抵补能力较为充足。银行业金融机构本外币总资产年末余额268.24万亿元，同比上升6.27%，总负债246.58万亿元，同比上升5.89%。商业银行不良贷款余额2.03万亿元，不良贷款率1.83%，略高于上年年末的1.74%。商业银行贷款损失准备余额3.77万亿元，拨备覆盖率186.31%，贷款拨备率3.41%，资产充足率14.2%，商业银行流动性比例55.31%，人民币超额备付金率2.64%，各项指标均优于上年同期水平。

证券业资产规模保持稳定，盈利状况继续下行。截至2018年12月31日，131家证券公司总资产为6.26万亿元，净资产为1.89万亿元，净资本为1.57万亿元，行业总体规模保持稳定。全年实现营业收入2 662.87亿元，全年实现净利润666.20亿元，106家公司实现盈利，行业整体盈利状况继续下行。

保险业原保费收入增速有所放缓，总资产增速保持稳定。全年保险业实现原保费收入总计38 016.63亿元，同比上升3.92%，低于上年同期增速水平；赔款和给付支出总额12 297.87亿元，同比上升9.99%，高于上年同期增速；总资产年末余额183 308.92亿元，同比上升9.45%，与上年同期基本持平，各项投资年末余额139 724.88亿元，同比下降6.35%。

3. 完善金融宏观调控体制

2018年7月2日，新一届国务院金融稳定发展委员会成立，会议审议了打好防范化解重大风险攻坚战三年行动方案，研究了推进金融改革开放、保持货币政策稳健中性、维护金融市场流动性合理充裕、把握好监管工作节奏和力度、发挥好市场机制在资源配置中的决定性作用等重点工作。8月3日，国务院金融委召开第二次会议强调，面对实体经济融资难、融资贵的问题，必须更加重视打通货币政策传导机制，提高服务实体经济的能力和水平。9月7日，国务院金融委召开第三次会议，要求金融系统积极贯彻执行稳健中性货币政策，并根据形势的变化有针对性地适时适度预调微调，保持市场流动性合理充裕。此外，8月和10月，国务院金融委两次召开了防范化解金融风险专题会议。国务院金融委的成立推动了党中央、国务院关于金融工作的决策部署的高效落实，在国务院金融委领导下，统一协同的金融监管机制统筹协调了各项金融经济政策重大事项，有利于更好地应对国际国内金融风险，维护金融稳定，推动我国经济金融长期健康发展。

2018年3月17日，第十三届全国人民代表大会第一次会议表决通过了《国务院机构改革方案》，整合中国银行业监督管理委员会和中国保险监督管理委员会的职责，组建中国银行保险监督管理委员会，金融监管架构从“一行三会”转变为“一委一行两会”，新金融监管框架形成。地方金融监管改革不断深化，成立了地方金融监督管理局，加强建立健全地方金融议事协调机制，基本形成了纵向、横向交织的金融监管网络，进一步完善了现代金融监管体系。

4. 金融宏观调控前瞻性、针对性进一步提升

2018年，中国人民银行坚持稳健中性的货币政策，主动加强定向调控、区间调控，灵活运用政策工具，加强形势预判和预调微调。全年四次降低存款准备金率，增量开展中期借贷便利操作，创设定向中期借贷便利，三次调增再贷款贴现额度，保持银行体系流动性合理充裕，有效对冲信用增长下滑。充分发挥宏观审慎评估的逆周期调解和结构引导作用，合理调整有关参数、“窗口指导”金融机构调整信贷投放力度、节奏和结构，保持对实体经济的支持力度。扩大再贷款再贴现担保品范围，加大对小微企业、民营企业的金融支持力度，正向激励金融机构支持市场化、法治化债转股。开展优化运用扶贫再贷款发放贷款定价机制试点，一系列有力措施为供给侧结构性改革和高质量发展营造了适宜的货币金融环境。重启远期售汇风险准备金和中间价报价“逆周期因子”，有效引导市场预期，维护外汇市场平稳运行。进一步健全了货币政策和宏观审慎政策双支柱调控框架，稳定市场预期，维护金融市场平稳运行。

5. 监管政策密集出台，防范金融市场风险

2018年主要监管政策包括资产管理业务监管方面和银行与证券行业市场方面，这些政策密集出台，搭建了相关行业、市场与业务的制度政策框架。

在资产管理业务方面，2018年4月，中国人民银行、中国银行保险监督管理委员会、中国证券监督管理委员会、国家外汇管理局联合印发《关于规范金融机构资产管理业务的指导意见》，按照产品类型制定统一的监管标准；2018年7月，中国人民银行发布《关于进一步明确规范金融机构资产管理业务指导意见有关事项的通知》，明确了公募资产管理产品的投资范围、过渡期内相关产品的估值方法和宏观审慎政策安排等；2018年11月，中国人民银行等四部门出台《金融机构资产管理产品统计制度》和《金融机构资产管理产品统计模板》，为防范和化解系统性金融风险、提升金融服务实体经济的能力提供数据支撑。

在银行与证券行业市场方面，2018年，中国银保监会以及相关部门先后针对融资担保公司、民间借贷行为、商业银行理财业务、商业银行理财子公司、银行业金融机构异地非持牌机构等制定出台政策措施，进一步规范了融资担保、民间借贷、银行理财、异地非持牌机构经营等方面的行为，有力有效维护了市场秩序。2018年，中国证监会不断推进改革发行上市制度，努力增加制度的包容性和适应性，加快多层次资本市场体系建设，继续深化新三板改革，促进区域性股权市场规范发展，引导期货与衍生品市场健康发展。

经过中国人民银行、中国银行保险监督管理委员会、中国证券监督管理委员会、国家外汇管理局等相关经济金融管理部门的协调与联合行动，金融风险总体上趋于收敛。一是宏观杠杆率快速上升势头得到遏制，二是影子银行无序发展得到控制，三是金融秩序初步好转，四是地方政府隐性债务得到控制，五是金融市场韧性显著增强。在2018年防范金融市场风险工作中，针对宏观货币金融政策执行中遇到的外部冲击，在国务院金融委的统一领导下，金融管理部门加强了预期引导，特别注意到了金融风险在债市、汇市和股市等不同市场之间可能的传染，及时制定实施了相关政策应对措施。

二、2018年中国金融市场运行的主要特点

2018年，中国金融市场总体运行稳中有进。金融市场各项改革与创新深入推进，市场资源配置作用有效发挥，精准服务实体经

济力度提升。金融市场开放举措有力实施，市场对外开放力度不断加大。运用市场化、法治化手段防范和化解金融市场重大风险取得良好成效，为市场长期健康发展打下坚实基础。

（一）市场总体规模持续扩大，债券市场融资功能显著增强

2018年，金融市场总体规模稳步扩大。货币市场保持合理增速，信用拆借成交量大幅增长76%，票据承兑量稳步增长25%，债券回购和同业存单交易量实现平稳增长。债券市场存量规模位居全球第三，绿色债券规模位居全球第一，公司信用类债券发行量大幅增长33%，企业债券净融资额显著上升，企业债券融资占社会融资规模的比重达13%，成为企业仅次于信贷市场的第二大融资渠道。债券二级市场现券交易量大幅增长45%，市场流动性显著提升。股票市场融资结构优化，配股、优先股和可转债发行规模上升。外汇市场成交量稳步增长，银行间市场外币对业务交易量增长超五成。黄金市场结构有所分化，黄金场内交易规模稳居全球场内市场第二位。衍生品市场产品结构不断完善，汇率风险管理工具更加丰富，利率衍生品市场保持了50%的高增长速度。

2018年，金融市场参与主体类型和数量持续增加。同业拆借市场新增165家市场成员机构和1家境外人民币清算行，参与成员类型逐步丰富。银行间债券市场各类参与主体近2.5万家，市场投资者规模继续扩大，境外投资者持券规模显著提升，同比大幅增长47%。股票市场境内机构用户和境外投资者比重增加，投资者交易结构明显优化。黄金市场国际板招募74家国际会员，参与主体进一步国际化。

2018年，各类金融市场价格波动有所加大，市场关联性明显增强。货币市场利率整体呈现下行趋势，利率波动率上升。同业拆借、质押式回购和票据贴现月加权平均利率较上年分别下降18个、26个和30个基点，各货币市场利率走势的同步性增强，交易期限结构呈现短期化特征。债券市场价格指数波动上升，债券收益率曲线下移，整体波动性较上年显著增加。股票市场指数全年震荡下跌，指数波动率加大，上证综指涨跌幅超过1%的天数达到82天，较上年增加70天。人民币汇率指数先升后贬，逆周期调节政策稳定了外汇市场预期。黄金市场金价小幅上涨，境内外黄金现货价差收窄。金融子市场之间的联动性加强，同时境内市场与全球金融市场的关联性和互动也大幅增加。

（二）改革与创新有序推进，服务实体经济提质增效

2018年，金融市场改革与建设加快了推进步伐。同业拆借夜盘交易正式推出，票据交易系统实现纸电交易融合，三方回购交易引入债券市场。银行间债券指数产品发展起步，CFETS-BOC交易型债券指数正式推出。新增地方政府债券作为柜台市场交易品种，试点金融债券、地方政府债券弹性招标发行机制，信托公司获准开展非金融企业债务融资工具承销业务。规范上市公司停复牌制度，完善股票回购、退市制度，提高上市公司质量，健全资本市场内生稳定机制。熊猫普制金币挂牌交易所上市交易，黄金市场投资品种进一步丰富，互联网黄金、黄金积存和黄金资管业务规范制度确立，黄金市场制度建设不断加强。新一代外汇交易平台上

线，大幅提高了交易效率，顺应了外汇市场流动性不断增强的发展趋势。商品期货品种扩大到50个，期货市场对产业服务的覆盖面进一步扩展，2年期国债期货上市，形成了对短中长期国债期货的全覆盖。金融市场各项创新与改革有序推进，市场机制进一步优化完善，推动市场稳定发展态势。

2018年，金融市场加大精准服务实体经济力度。在服务民营企业、小微企业方面，债券市场创新推出民营企业债券融资支持工具，成功发行多只债券信用缓释工具，有效缓解了民营企业债券风险偏好下行，加大了债券市场对民营企业、小微企业的融资支持。支持银行业金融机构发行微小企业贷款资产支持证券共计108亿元，是2017年发行量的15.4倍。全年小微企业金融债券发行1 245亿元，是2017年的11.3倍。加大再贴现支持力度，三次增加再贴现额度共计2 000亿元，票据融资余额同比增长48.67%，推出票据供应链创新产品、线上票据支付服务、专项贴现优惠支持等产品，票据市场服务实体经济作用增强。包括实施定向降准、扩大中期借贷便利担保品、创设定向中期借贷便利等措施在内，综合施策引导金融机构加大对小微企业、民营企业的资金投向。设立保险资产管理公司专项产品支持民营企业长期融资需求。在服务科创企业方面，支持创新企业境内发行股票或存托凭证试点，加大对高新技术企业、新兴产业和制造业结构调整转型升级的金融支持。

（三）对外开放稳步推进，市场开放力度不断加大

2018年，金融市场各项对外开放政策进一步落实，境内外合作不断加深。一是债券市场方面，出台熊猫债发行管理办法，简化境外投资者进入银行间债券市场投资备案要求，落实银行间债券市场信用评级行业对外开放政策细则，推动外资评级机构进入银行间债券市场。进一步完善债券通各个交易环节的服务支持，资产支持票据首次通过债券通成功发行。境外机构首次参与地方债分销，出台境外机构投资境内债券市场税收优惠政策，完成与国际金融市场交易平台的合作准备工作，境外机构参与债券市场的深度和广度不断扩展。中国国债和政策性银行债券正式纳入彭博巴克莱全球综合指数，人民币债券将成为继以美元、欧元、日元计价之后的第四大货币债券。多只交易所“一带一路”债券试点发行，有力促进了债券市场对沿线国家的资金融通服务。200亿元人民币中国人民银行票据在香港顺利发行；40亿元澳门首笔离岸人民币债券“莲花债”成功发行，获市场广泛认可和积极认购。二是股票市场方面，扩大沪港通每日额度，完善内地与香港股票市场互联互通机制，上海证券交易所与伦敦证券交易所互联互通存托凭证业务一系列相关制度出台，H股“全流通”试点业务细则发布，A股正式纳入摩根士丹利资本国际公司MSCI新兴市场指数和全球基准指数，新时期资本市场对外开放加快推进。三是外汇市场方面，跨境外汇即期交易中央对手清算业务正式推出，境外机构参与银行间外汇市场区域交易，极大地提高了双边本币结算效率。四是黄金市场方面，“上海金”影响力持续扩大，推动与国际市场及“一带一路”沿线国家的深层次合作。五是期货市场方面，原油期货正式上市交易，多只已上市期货品种引入境外投资者，商品期货市场向国际化市场积极转变。

2018年，金融业对外开放取得重大突破。进一步统一了中外资银行市场准入标准，明确了外资法人银行开展对银行业金融机构的股权投资的法律依据，取消了中资银行和金融资产管理公司的外资持股比例限制，实施内外一致的股权投资比例规则等。允许外资控股合资证券公司，允许外商境外投资者持股境内期货公司，放开合资证券公司和外资保险经纪公司的业务范围。成立首家外资保险控股公司，有序推动证券基金经营机构“走出去”，金融业对外开放水平大幅提升。

（四）市场化法治化进程继续推进，防范化解重大金融风险取得进展

2018年，市场化法治化手段防范金融市场风险取得积极成效。债券市场刚性兑付有序打破，债券违约风险处置机制按照市场化、法治化原则不断完善和强化，推出到期违约债券转让机制。信用违约互换集中清算、到期违约债券转让服务推出，市场化风险管理工具不断丰富。发布绿色金融债券、资产支持证券存续期监督管理事项，落实对绿色金融债券存续期资金使用监督工作。加强债券市场信息披露和信用评级统一管理建设，建立统一的债券市场执法机制，弥补执法短板，提高对违法违规行为的监管效力和震慑力。证券市场加强金融科技监管手段，提升交易一线监管效率，强化异常交易实时监控和重点监控账户管理，打击违法违规市场交易行为。出台《关于证券公司短期融资券管理有关事项的通知》，引导证券公司提高流动性风险管理水平。出台《股票质押式回购交易及登记结算业务办法》，防控股权质押业务风险。规范货币市场基金互联网销售、赎回等相关服务，防控货币市场基金业务风险，保障货币市场健康发展。加强银行业金融机构跨省票据业务审慎监管，防范票据市场风险。

2018年，金融市场监管持续加强，重大领域金融风险防范扎实推进。金融市场服务供给侧结构性改革，稳步推进结构性去杠杆。加快弥补金融监管制度短板，出台金融机构资产管理业务统一监管标准和不同类型机构资产管理业务规范细则，保障了金融机构资产管理业务的长期健康发展。稳步推进互联网金融风险专项整治，严厉打击非法金融活动，互联网金融总体风险水平显著下降。发布系统重要性金融机构监管政策，出台非金融企业投资金融机构监管指导意见。完善地方政府专项债管理制度，落实属地管理责任，完善市场约束机制，提升地方债务管理水平，严防地方政府债务风险。加大对商业银行流动性风险管理要求，明确商业银行大额风险暴露监管要求。加强风险监测和应对能力建设，有效防控系统性风险和重大领域金融风险事件。

三、2019年中国金融市场发展展望

2019年，我国金融市场发展将以习近平新时代中国特色社会主义思想为指导，全面贯彻党的十九大和十九届二中、三中以及中央经济工作会议精神，坚持稳中求进，以新的发展理念推动高质量发展，坚持以供给侧结构性改革为主线，进一步加大金融市场服务实体经济力度，深化市场改革开放，加快创新发展步伐，继续打好防范化解重大风险攻坚战，促进金融市场的长期健康发展。

（一）进一步加大服务实体经济力度

充分发挥市场资源配置力量，服务我国经济高质量发展，加大对高新技术企业、新兴产业和制造业结构调整转型的金融服务与支持，深化创业板和新三板改革，加快科创板和试点注册制试点各项政策细则落地实施，支持企业充分利用金融市场功能，积极拓展直接融资渠道；坚持市场化法治化原则，加大对民营企业、小微企业的各项金融支持，积极推广民营企业债券融资支持工具，推动实施民营企业股权融资支持工具，综合施策保持民营企业融资成本处于合理水平，促进民营经济增强活力和金融市场优化配置的良性循环；支持国家重大战略实施安排，继续推进普惠金融发展，重点加强对经济领域薄弱环节的金融支持，推进金融服务乡村振兴工作，助力打好国家扶贫和污染防治攻坚战，增进金融市场精准服务实体经济功能。

（二）有序推进金融市场创新与发展

以服务实体经济为导向，加快金融市场创新与建设，持续推动市场制度创新、产品创新和规范发展，提升市场深度和广度，推动更多中长期资金进入资本市场，健全多层次资本市场体系；提升衍生品市场功能，优化市场制度和监管方式方法，激发市场活力，加快建立适应新经济形态发展的多层次、广覆盖、差异化的金融市场支持体系，促进经济金融健康发展；加强金融基础设施的统筹管理和互联互通，推动市场制度安排协调统一，提高市场自我约束和自我管理水平，增强市场运行效率和安全性。

（三）进一步推动金融市场对外开放

坚定不移扩大金融开放，继续扩大金融市场对外开放举措，把已经部署的开放政策落实到位，根据国际经济金融发展形势变化和国内金融市场发展的战略需要，研究推进新的金融开放政策；鼓励境外机构投资中国债券市场，支持境外主体在境内金融市场融资，推动金融基础设施的统筹管理，加强市场基础设施的国际合作，继续优化和创新境内外金融市场的互联互通机制，为国内外市场参与者创造更为高效、便利的良好市场环境；深入参与国际金融市场合作，推动“一带一路”金融服务支持的各项举措深入展开，更好地服务于国家战略，提升中国金融市场影响力和竞争力，推进形成金融市场开放的新格局。

（四）继续防范和化解金融市场风险

继续把防范化解金融市场风险放在重要位置，切实防范和化解重点领域金融风险，主动防范市场重要风险点，强化市场化约束机制，继续探索建立法治化风险处置长效机制，遏制各类违法违规的市场行为和金融活动；加快补齐金融监管短板，继续加强和落实协同监管机制，通过统一高效的监管机制和政策措施积极防范局部风险扩散，避免跨市场风险共振；继续开展互联网金融风险专项整治，严厉打击非法金融活动，依法处置高风险事件，维护互联网金融健康平稳发展。

第二章　货币市场

2018年，货币市场总体运行平稳，同业拆借市场成交量大幅上升，债券回购市场、同业存单市场成交量保持增长，票据承兑业务稳步增长，贴现规模大幅提升。市场利率整体下行，波动小幅加大，交易期限以短期为主。

一、同业拆借市场

2018年，同业拆借市场运行平稳，市场参与主体持续增长，交易规模大幅上升，利率中枢下行，波动幅度有所增大，交易期限结构仍呈现短期化。

（一）同业拆借市场运行情况

2018年，同业拆借市场累计成交139.30万亿元，同比增长76.37%，日均成交5 527.78亿元，其中，8月成交量15.27万亿元为年内最高，4月成交量8.44万亿元为年内最低。同业拆借全年加权平均利率为2.59%，最高点为4月27日的3.40%，最低点为8月8日的1.56%。

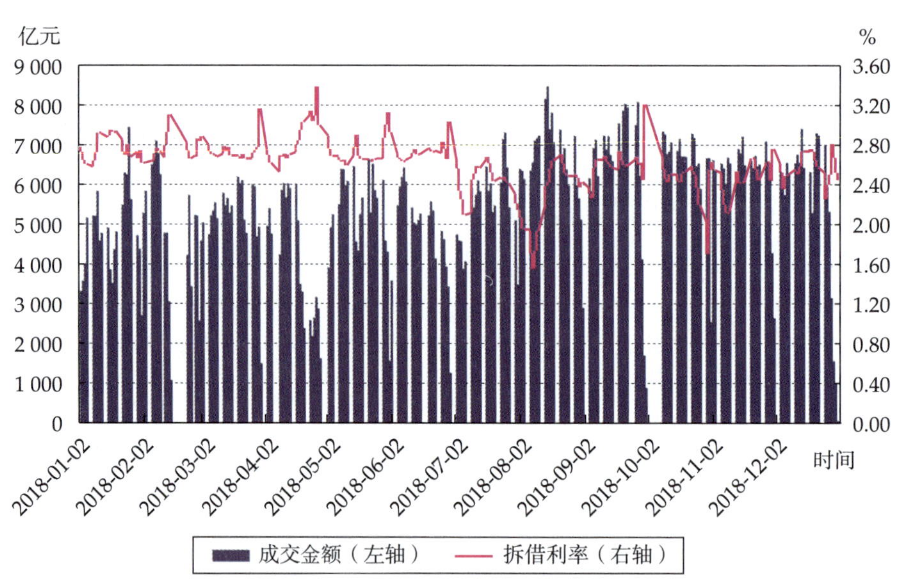

数据来源：中国外汇交易中心。

图2-1　2018年同业拆借市场成交量和利率水平

2018年，市场参与主体数量持续增长，同业拆借市场机构成员年末达到2 123家，较上年增加165家。市场参与成员类型逐步丰富，农业银行迪拜分行作为境外人民币清算行加入同业拆借市场，年末共11家境外人民币清算行成为同业拆借市场成员。

同业拆借市场交易主体仍以银行类金融机构为主，占总交易量的88.35%。其中，股份制商业银行的交易占比最大，为42.12%；城市商业银行、大型商业银行、农村商业银行和农村合作银行、政策性银行占比分别为17.51%、14.69%、5.56%和4.49%。非银行金融机构中，证券公司、财务公司交易较为活跃，占比分别为7.26%和2.81%。

（二）同业拆借市场运行的主要特点

1. 交易实现跨越式增长

2018年，同业拆借市场年累计交易量首次超过100万亿元，同比增长76.37%。每个月交易量较上年同期均呈增长态势，其中5月、7月、8月和10月交易量同比增长100%以上，8月同比增速144.40%为全年最高。

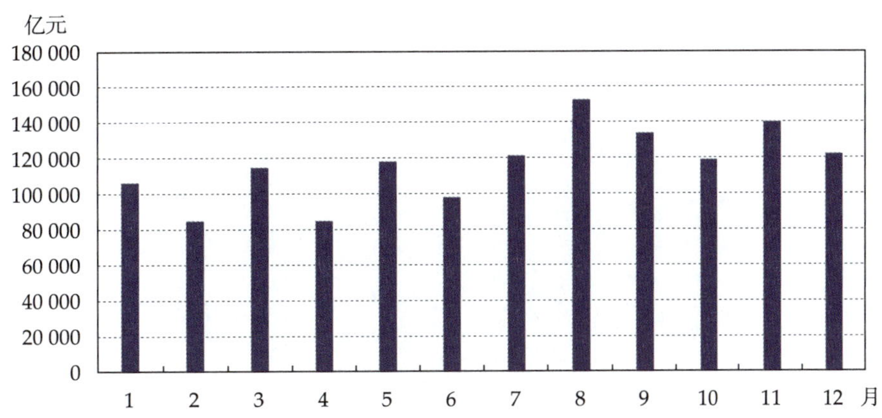

数据来源：中国外汇交易中心。

图2-2　2018年同业拆借市场各月成交量

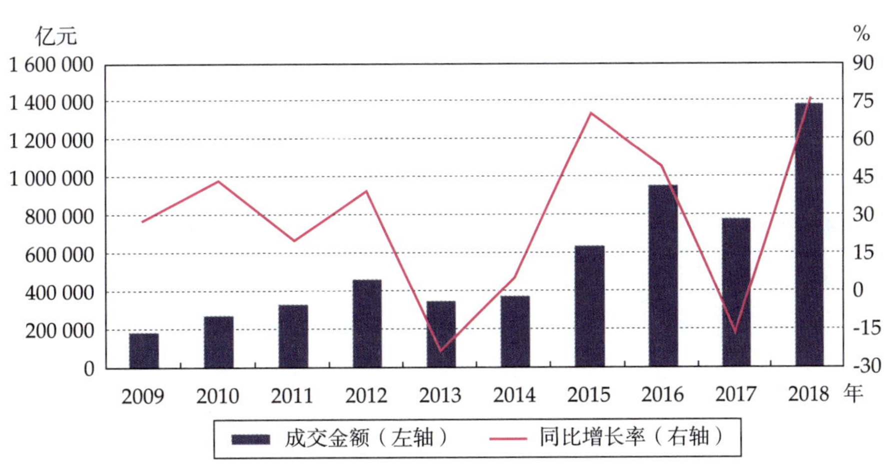

数据来源：中国外汇交易中心。

图2-3　2009—2018年同业拆借市场成交量和增长率

2. 利率中枢下行

2018年，同业拆借市场全年加权平均利率较上年下降18个基点。全年日加权成交利率的极差为184个基点，较上年增加37个基点。2018年年末，隔夜和7天期同业拆借日加权成交利率分别收于2.35%和3.50%，较上年最后一个交易日分别下降57个基点和55个基点。

3. 交易期限以短期为主，隔夜占比进一步提高

同业拆借交易期限仍以短期为主，7天期以内交易合计135.84万亿元，占总交易量的97.52%，较上年提高1.25个百分点。其中，1天交易品种累计成交125.55万亿元，占总交易量的90.13%，较上年提高4.05个百分点；7天期拆借交易占比为7.39%，较上年下降2.80个百分点；14天至3个月期限拆借交易占比为2.25%，较上年下降1.32个百分点；3个月以上期限拆借交易占比为0.23%，较上年上升0.08个百分点。

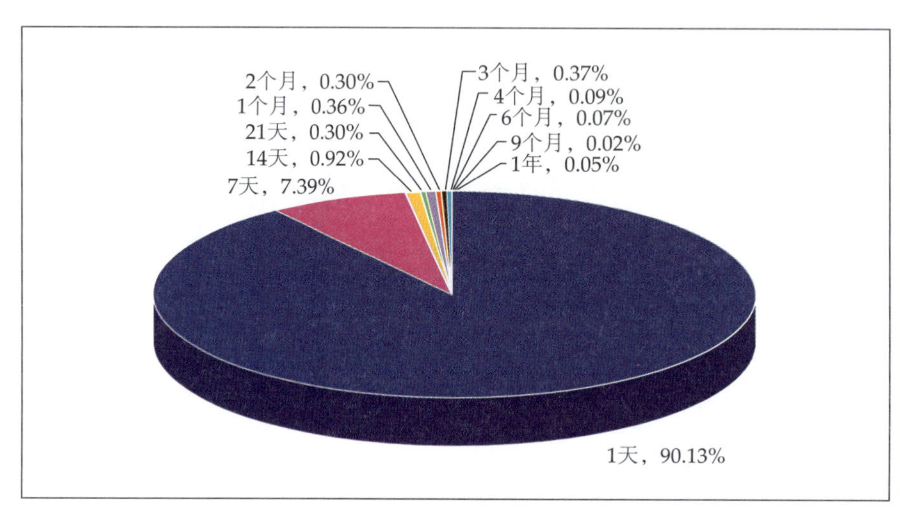

数据来源：中国外汇交易中心。

图2-4 2018年同业拆借交易期限结构

4. 大型商业银行仍是主要的资金融出方

2018年，同业拆借市场净拆出量最大的机构类型为大型商业银行，全年累计净拆出24.63万亿元，占净拆出总量的50.21%。其次是政策性银行和股份制银行，净拆出量分别为11.75万亿元和9.10万亿元，占比分别为23.96%和18.56%。证券公司、城市商业银行和财务公司的净拆入量最大，分别为20.14万亿元、19.24万亿元和5.95万亿元，净拆入占比分别为41.06%、39.22%和12.14%。

（三）同业拆借市场发展展望

2019年，同业拆借市场将继续在货币政策传导和金融机构流动性管理方面发挥积极作用。一是立足宏观审慎管理，强化市场风险防范，保障市场平稳健康发展。二是依托高效、安全的交易平台和资金清算体系，市场效率和服务质量进一步提高。三是市场双向开放程度进一步提高，交易主体更加丰富，不断适应人民币国际化进程。

二、债券回购市场

2018年，债券回购市场总体运行平稳，市场制度和基础设施建设不断完善。回购交易规模继续扩大，回购利率下行，利率波动市场表现分化，各期限结构保持稳定，短期期限品种占主导，质押券结构持续优化。

（一）债券回购市场运行情况

2018年，债券回购市场累计成交954.06万亿元，同比增长8.8%。其中，银行间回购市场累计成交占比约75.8%，较上年同期占比增加5.5个百分点；交易所回购市场累计成交占比约24.2%，较上年同期占比减少约5.5个百分点。

1. 银行间债券市场回购运行情况

2018年，银行间债券回购市场累计成交722.68万亿元，同比增长17.2%。其中，质押式回购累计成交708.67万亿元，同比增长20.5%；买断式回购累计成交14.00万亿元，同比减少50.2%。

银行间债券回购市场利率水平下降，波动幅度较上年微升。质押式回购加权平均利率为2.66%，同比下降26个基点。最高点为4月24日的4.6%，最低点为8月8日的1.6%，利率极差为298个基点，同比增加30个基点。买断式回购日加权平均利率为3.0%，较2017年下降32个基点，利率极差为414个基点，同比增加164个基点。

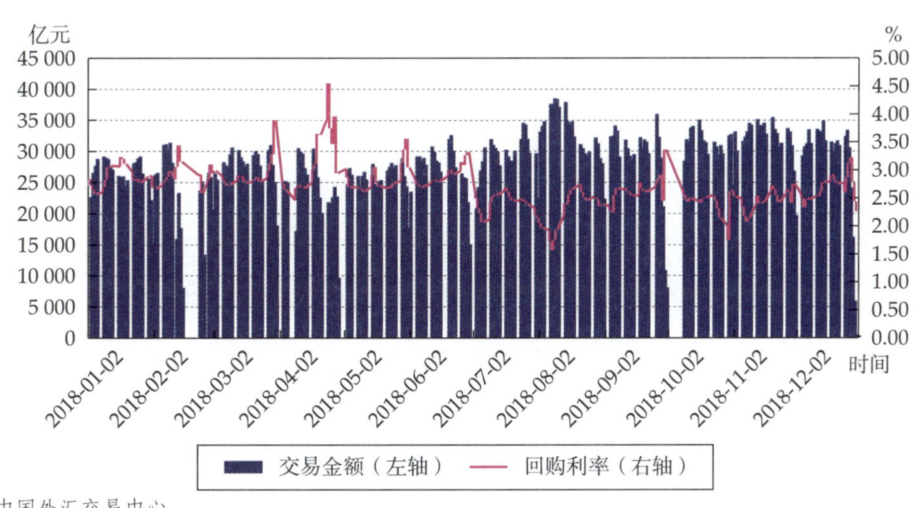

数据来源：中国外汇交易中心。

图2-5　2018年银行间市场质押式回购成交量价

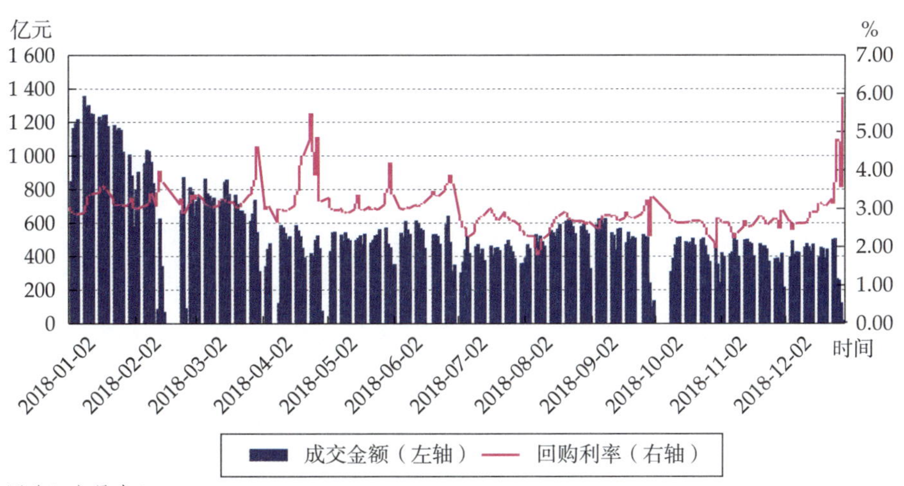

数据来源：中国外汇交易中心。

图2-6　2018年银行间市场买断式回购成交量价

2. 交易所债券市场回购运行情况

2018年，交易所债券回购累计成交231万亿元，同比减少11.2%。其中，上海证券交易所债券回购累计成交212万亿元，同比减少12.7%，深圳证券交易所债券回购全年成交规模19万亿元，同比增长10.9%。2018年交易所市场正式推出三方回购业务，累计成交0.33万亿元。质押式回购累计成交约226万亿元，同比减少12.0%。协议回购成交约3万亿元，同比增长3.5%。

交易所质押式回购市场利率水平明显下降。其中，上海证券交易所1天回购定盘平均利率为3.3%，同比下降78个基点，7天回购定盘平均利率为3.5%，同比下降59个基点；深圳证券交易所1天质押式回购加权平均利率为3.3%，同比下降111个基点。7天回购加权平均利率为3.5%，同比下降82个基点。

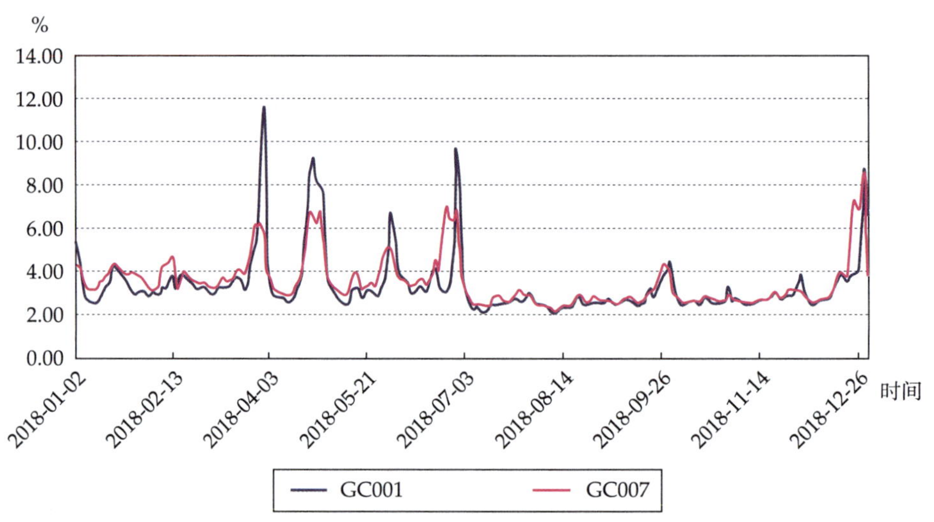

数据来源：上海证券交易所。

图2-7 2018年上交所质押式回购定盘利率走势

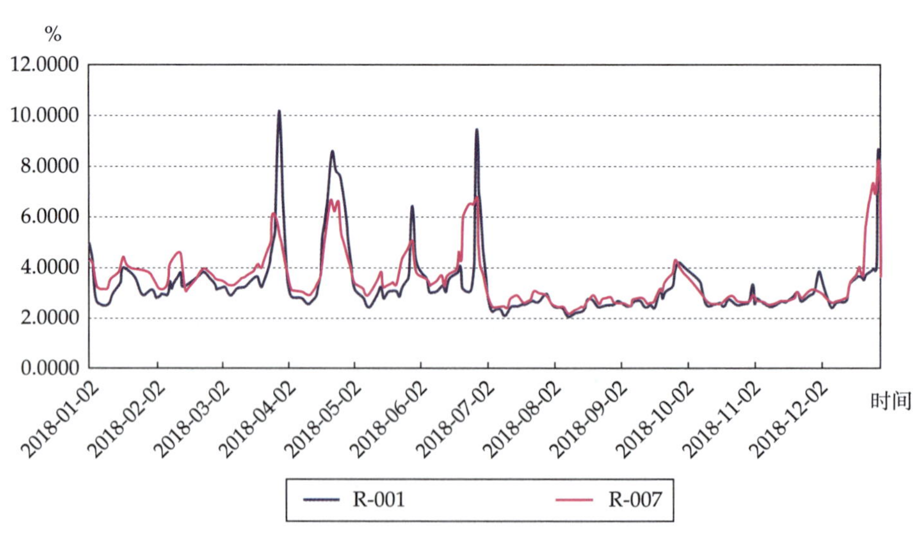

数据来源：深圳证券交易所。

图2-8 2018年深交所质押式回购利率走势

（二）债券回购市场运行的主要特点

1. 银行间质押式回购交易规模大幅回升

2018年银行间回购交易量同比增长106.31万亿元，增长全部来自质押式回购，质押式回购交易量同比增长20.5%，增速明显快于上年的2.5%；买断式回购交易量延续2017年以来的下滑态势，成交量较上年减少14.11万亿元，同比下滑50.2%。

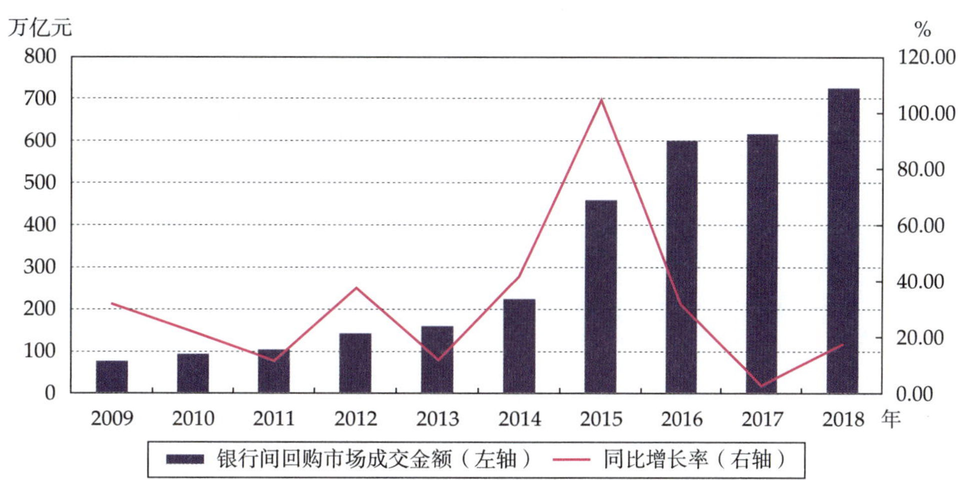

数据来源：中国外汇交易中心。

图2-9　2009—2018年银行间市场债券回购交易规模及增长率

2. 各期限品种占比稳定，短期期限品种占主导

银行间市场方面，各期限的质押式回购交易占比与上年基本持平，7天以内的质押式回购交易占比为93.7%。交易所市场方面，7天、14天质押式回购交易量占比分别为14.7%和7.8%，同比分别增加了4.7个百分点和1.4个百分点，沪深两市7天以内的质押式回购交易量依然占主导，分别占两个交易所总成交量的95.8%和91.8%。

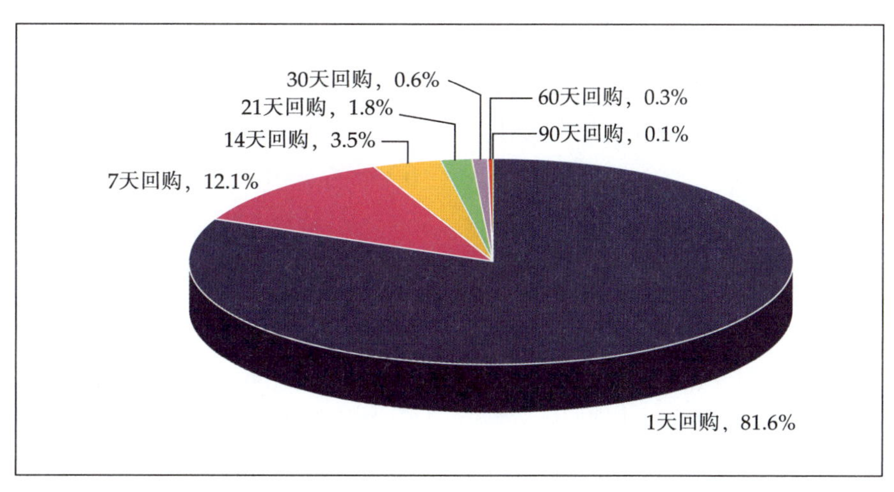

数据来源：中国外汇交易中心。

图2-10　2018年银行间市场质押式回购交易期限结构

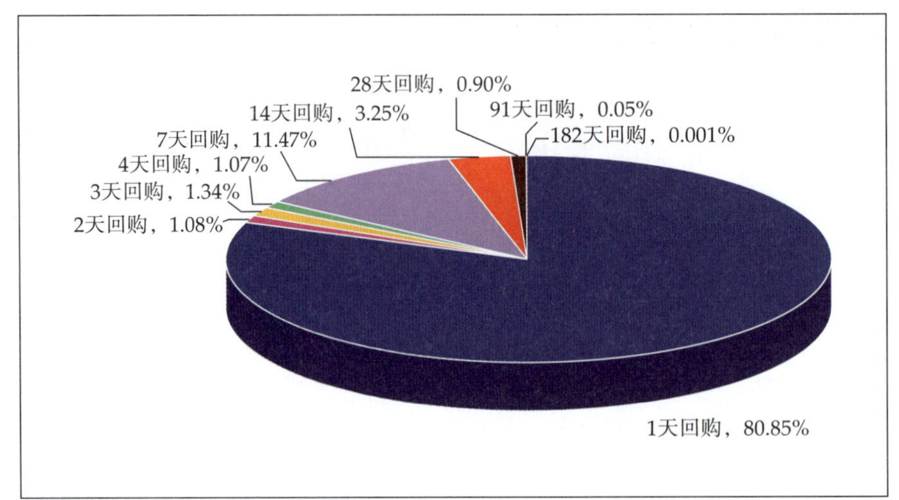

数据来源：上海证券交易所。

图2-11 2018年上海证券交易所市场质押式回购交易期限结构

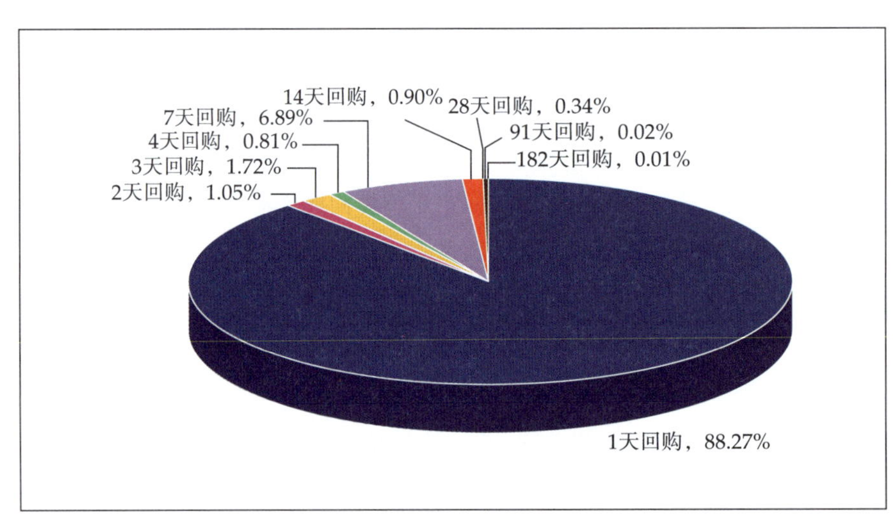

数据来源：深圳证券交易所。

图2-12 2018年深圳证券交易所市场质押式回购交易期限结构

3. 银行间回购交易标的结构稳定，交易所质押券结构持续优化

银行间回购市场以政策性金融债、政府债券、同业存单为回购标的的交易分别占比40.0%、32.0%和13.1%。其中，以政策性金融债、同业存单为回购标的的交易占比较上年分别增加0.2个、1.0个百分点，以政府债券为回购标的的交易占比较上年减少2.0个百分点；以中期票据、企业债、超短期融资券为标的的质押式回购合计占比10.7%，同比略减0.1个百分点。

交易所回购市场质押券结构持续优化。在上海证券交易所的质押券中，利率债占比19.4%，同比减少4.7个百分点；AAA级信用债占比62.2%，同比增加10.4个百分点；AA+级及以下信用债占比18.4%，同比下降5.7个百分点；利率债和AAA级信用债合计占比81.6%，同比增加5.7个百分点。

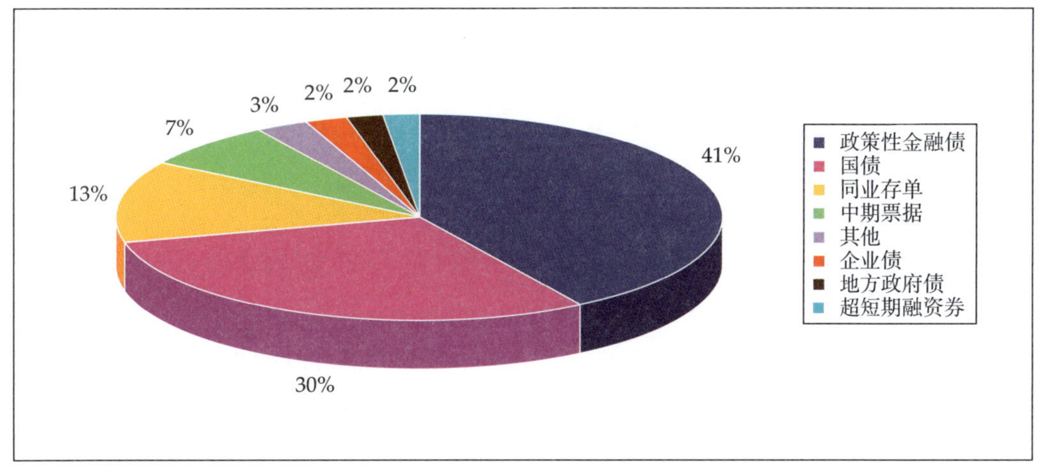

数据来源：中国外汇交易中心。

图2-13　2018年银行间债券市场质押式回购交易标的结构

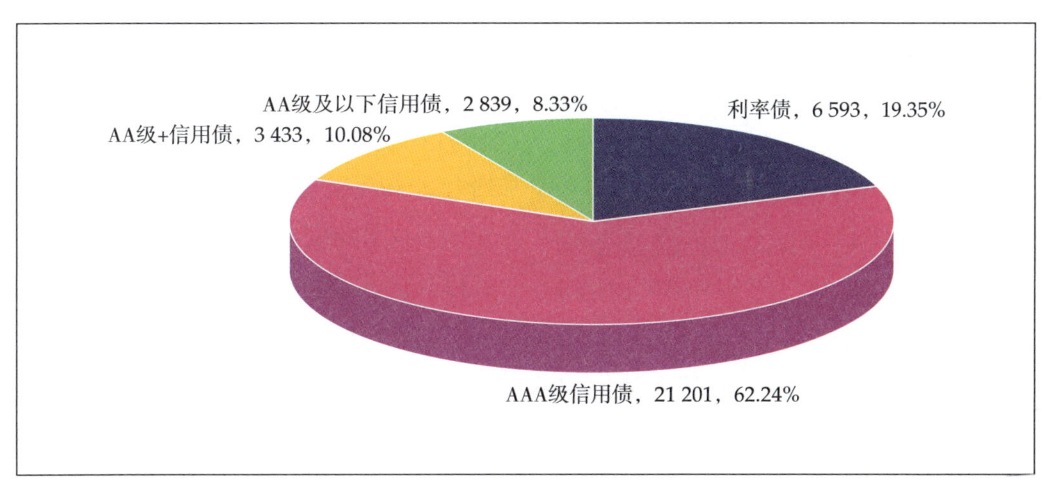

数据来源：上海证券交易所。

图2-14　2018年上海证券交易所债券市场质押式回购交易标的结构

在深圳证券交易所的质押券中，利率债占比11.5%，同比增加2.2个百分点；AAA级信用债占比61.1%，同比增加17.9 个百分点；AA+级及以下信用债占比27.4%，同比下降20.0个百分点；利率债和AAA级信用债合计占比72.6%，同比增加20.0个百分点。

4. 各回购市场间利率波动有所分化

2018年，银行间债券回购市场利率整体波动率有所上升。其中，质押式回购利率日加权平均利率之间的标准差为0.4，同比提高9.6%；买断式回购日加权平均利率之间的标准差为0.5，同比提高36.5%。

交易所回购市场利率平稳性有所提升。其中，上海证券交易所1天质押式回购定盘利率的标准差为1.40，同比减少29.3%；7天回购定盘利率的标准差为0.01，同比下降12.8%。深圳证券交易所质押式回购利率日加权平均利率标准差为0.99，同比下降31.7%。

5. 非银行金融机构及其产品是回购市场的主要资金需求方

资金融入方面。全年银行间回购市场净融入资金位列前三的是基金公司、证券公司和投资产品，净融入资金量分别为80.49万亿元、69.17万亿元和47.35万亿元。截至年末，资产管理产品[①]、券商自营、公募基金位列上海证券交易所回购市场的净融入资金未到期余额前三名，占比分别为34.3%、18.6%和13.1%。基金专户、券商自营和公募基金位列深圳证券交易所回购市场资金融入未到期余额前三名，占比分别为27.6%、22.2%和13.8%。

资金融出方面。全年银行间回购市场净融出资金位列前三的是大型商业银行、政策性银行和股份制商业银行，净融出资金量分别为112.14万亿元、90.07万亿元和64.85万亿元。截至年末，法人、个人、公募基金位列上海证券交易所回购市场净融出资金未到期余额前三，占比分别为35.5%、27.5%和12.5%。基金专户、券商自营和公募基金位列深圳证券交易所回购市场净融出资金未到期余额前三，占比分别为87.3%、4.9%和3.0%。

（三）债券回购市场发展展望

2019年，回购市场将继续保持平稳良好发展势头。在保持流动性合理充裕的前提下，回购成交规模平稳增长，回购利率水平在大部分时间维持合理低位。期限分布上，短期限品种仍将占主导，各期限品种结构稳定增长。投资者类型继续丰富，非银行金融机构和非法人产品资金需求保持稳定。回购定价机制将更加合理，三方回购有望在银行间市场落地。

三、同业存单市场

2018年，同业存单市场发行规模增速下降，发行利率逐渐下行，发行期限有所拉长；二级市场成交保持活跃，参与主体类型更加丰富。

（一）同业存单市场运行情况

2018年，共有511家机构发行同业存单，较上年减少30家；发行数量27 306只，较上年增加352只；发行金额为21.12万亿元，同比增长4.58%；认购主体数量为3 678家，较上年减少1 078家。截至年末，同业存单余额为9.23万亿元，同比增长23.56%。

2018年，同业存单二级市场交易累计成交675 497笔，成交金额149.85万亿元，同比增长32.76%。其中，交易方式以质押式回购为主，成交金额92.87万亿元，同比增长30.86%，占总成交金额的61.97%；以现券买卖方式达成交易55.54万亿元，同比增长49.81%，占总成交金额的37.06%；以买断式回购方式达成交易1.44万亿元，同比减少70.11%，占总成交金额的0.96%；以债券借贷方式达成交易15.51亿元。

① 大资管产品包括基金专户、券商资管、保险资管、信托、期货资管、银行理财。

（二）同业存单市场运行的主要特点

1. 发行规模增速放缓，大型商业银行发行占比上升

在经历2014—2017年每年50%以上增速的高速发展期基数迅速扩大，以及机构内生稳杠杆和审慎经营需求等因素的共同影响下，2018年同业存单发行规模增速显著放缓，季末发行量大的特征较为明显，全年季度平均发行金额为5.28万亿元。6月到期高峰带来续发压力，第二季度发行金额5.65万亿元，为全年最高；第三季度发行金额4.98万亿元，为全年最低。

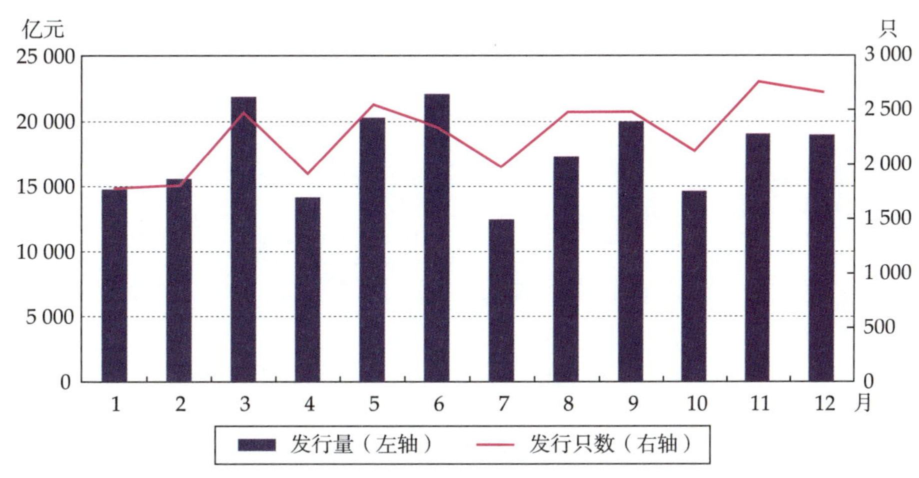

数据来源：中国外汇交易中心。

图2-15 2018年同业存单月度发行情况

2018年，大型商业银行存单发行量占比上升明显，占比为8.11%，较上年提高6.29个百分点。城市商业银行、股份制商业银行、农村商业银行和农村合作银行仍居前三位，占比分别为41.41%、39.51%和10.19%，均较上年下降1~2个百分点。

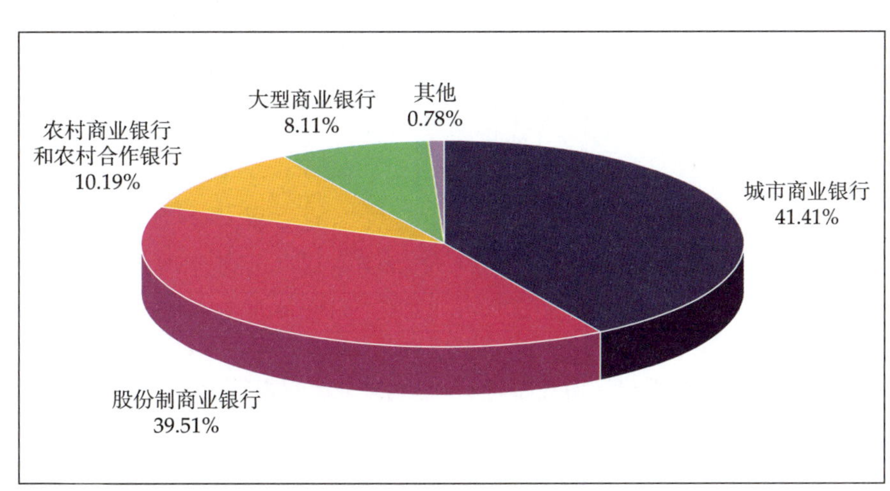

数据来源：中国外汇交易中心。

图2-16 2018年同业存单发行主体结构

2. 发行利率逐渐下行

2018年，同业存单发行利率逐渐下行。以作为市场标杆的股份制商业银行3个月期同业存单为例，1月的发行利率为4.55%~5.05%，6月下行至3.80%~4.65%，12月继续下行至3%~3.65%。

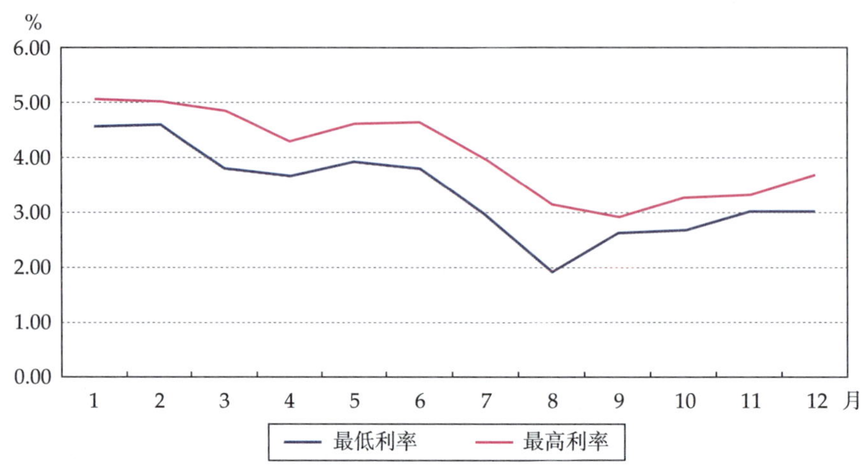

数据来源：中国外汇交易中心。

图2-17 2018年股份制商业银行3个月期同业存单发行利率走势

发行利率基本围绕Shibor基准利率波动。除3月、4月、7月、8月个别时点外，同业存单发行利率与同期限Shibor利差基本保持在35个基点以内。

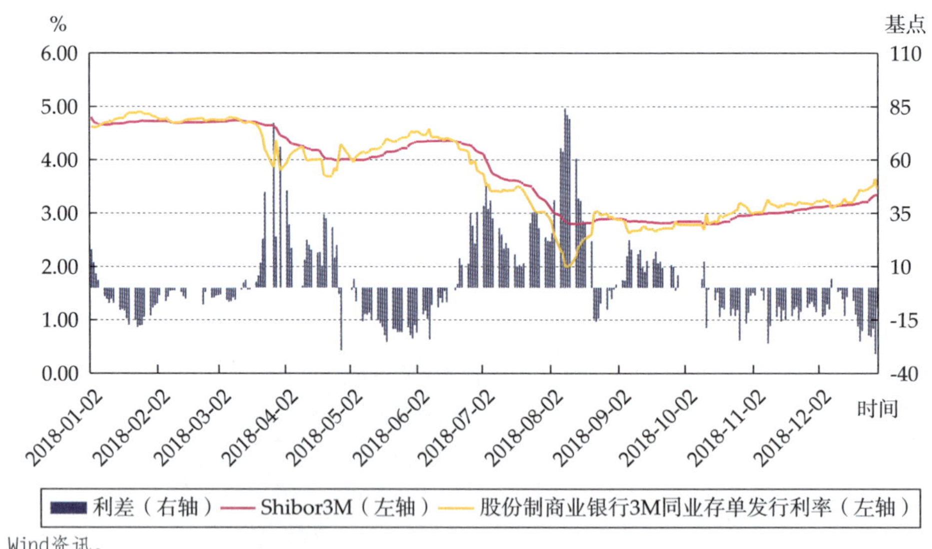

数据来源：Wind资讯。

图2-18 2018年股份制商业银行3个月期同业存单发行利率及利差走势

3. 9个月、1年期存单发行占比上升

2018年，同业存单发行期限以3个月、1年、6个月为主，发行金额分别占总发行规模的37.44%、20.36%和17.32%。1个月、3个

月、6个月期限品种占比较上年分别下降9.46个、3.29个和3.88个百分点，9个月、1年期品种占比较上年分别上升8.41个和8.22个百分点。

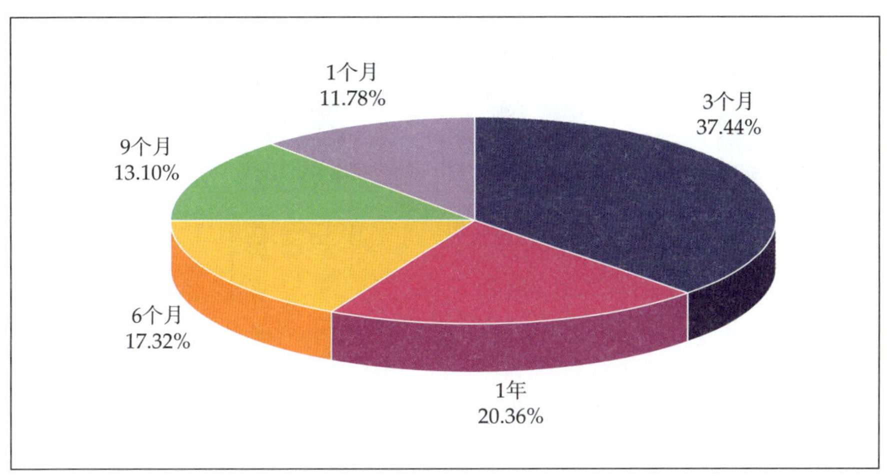

数据来源：中国外汇交易中心。

图2-19　2018年同业存单发行期限结构

4. 二级市场交易保持活跃

2018年，同业存单二级市场全年季度平均成交金额为37.46万亿元。同业存单是现券市场交易量最大的品种，市场占比为36.85%。同业存单在信用等级、流动性和收益率方面的优势吸引境外机构投资，同业存单净买入前三类机构为基金公司及其产品、大型商业银行和政策性银行、境外机构，净买入金额分别为2.55万亿元、0.68万亿元和0.37万亿元。

（三）同业存单市场发展展望

2019年，同业存单市场将保持平稳有序发展。同业存单发行利率将在稳定的区间波动，与中长端Shibor的相关性进一步提高；同业存单发行期限或将有所拉长；同业存单二级市场交易将继续保持活跃。

四、票据市场

2018年，中国票据市场快速健康发展。票据承兑业务稳步增长，贴现规模大幅提升，利率水平整体下行，票据市场制度建设和基础设施有序推进，在支持实体经济，尤其是民营、中小微企业融资方面发挥了积极作用。

（一）票据市场的运行情况

1. 承兑业务稳步增长

2018年年末，商业汇票未到期余额为9.4万亿元，同比上升14.9%。全年商业汇票承兑累计发生额为18.3万亿元，较上年增加3.6万亿元，增长24.8%。其中，电子商业汇票承兑发生额为17.2万亿元，占比94.1%；纸质商业汇票承兑发生额为1.1万亿元，占比5.9%。签发期限主要集中于中长端，承兑期限在6个月以上的占76.8%。

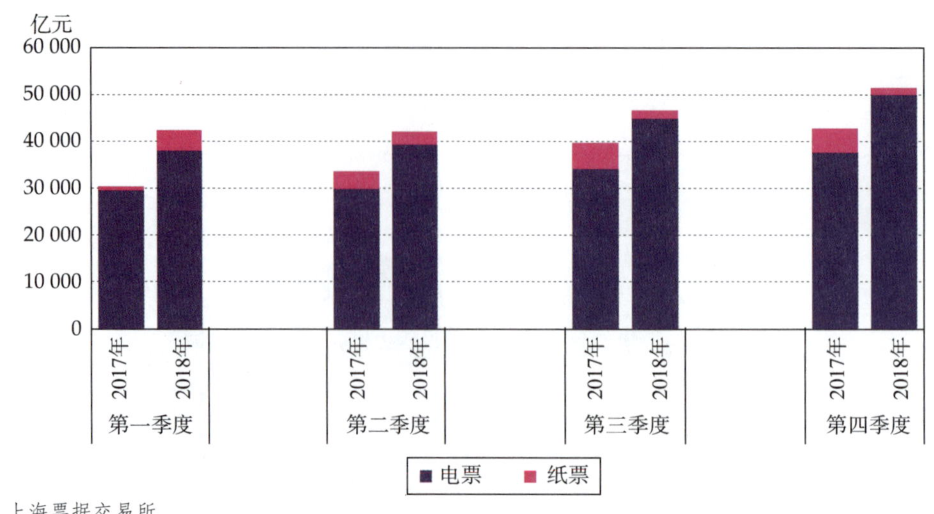

数据来源：上海票据交易所。

图2-20　2017—2018年各季度票据承兑发生额

2. 贴现业务快速增长

2018年年末，商业汇票贴现余额为5.8万亿元，同比上升48.7%。全年贴现发生额为9.9万亿元，较上年增加2.8万亿元，增长38.8%。其中，电子商业汇票贴现发生额为9.7万亿元，占比97.9%；纸质商业汇票贴现发生额为2 123.6亿元，占比2.1%。

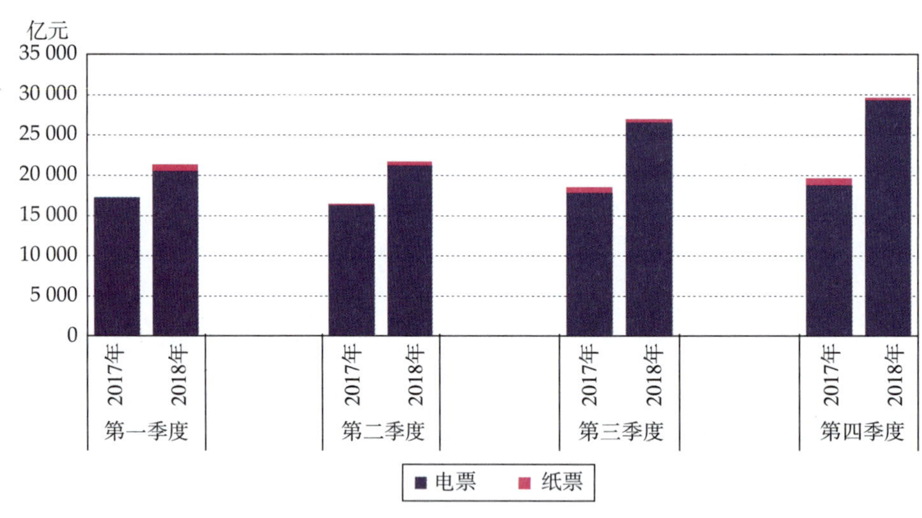

数据来源：上海票据交易所。

图2-21　2017—2018年各季度票据贴现发生额

3. 转贴现与回购交易量降幅趋缓

2018年票据交易量为41.8万亿元，比上年减少10.4万亿元，下降20.0%，降幅比上年减少32.3个百分点。其中，转贴现交易量为34.6万亿元，减少10.0万亿元，下降22.4%；质押式回购交易量为7.1万亿元，减少4 713.1亿元，下降6.2%；买断式回购交易量为128.6亿元。

分介质看，电子商业汇票交易40.6万亿元，占比97.3%；纸质商业汇票交易1.1万亿元，占比2.7%。从交易期限结构看，转贴现期限分布相对较为均匀，3个月以内、3~6个月、6~9个月和9~12个月的转贴现占比分别为30.8%、25.8%、12.6%和30.8%。质押式回购业务主要集中在7天期以内，占比为61.9%。

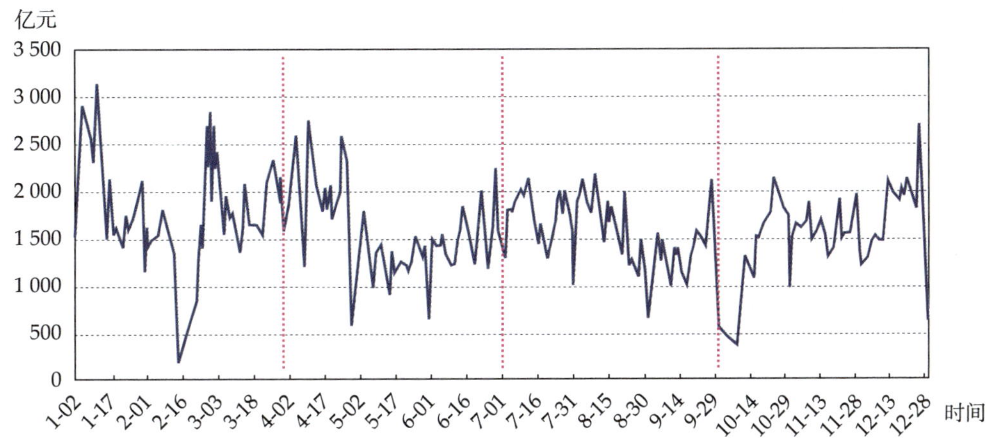

数据来源：上海票据交易所。

图2-22　2018年票据交易每日发生额

4. 再贴现规模大幅增长

2018年，人民银行加大再贴现支持力度，分别于6月和10月各增加再贴现额度500亿元，又于12月增加了1 000亿元。再贴现额度的提高增加了商业银行票据贴现的意愿，有助于改善小微企业和民营企业融资环境。2018年再贴现发生额为6 968.7亿元，较2017年增长82.4%。

5. 票据利率总体下行

2018年票据贴现加权平均利率为4.6%，较上年下降30个基点；转贴现加权平均利率为4.4%，上升15个基点；质押式回购加权平均利率为3.2%，下降55个基点。从走势看，票据利率第一季度逐月走高，3月为年内利率高点，第二季度和第三季度不断回落，第四季度末转贴现和回购利率略有所回升。

数据来源：上海票据交易所。

图2-23　2018年票据利率每日走势

（二）票据市场运行的主要特点

1. 票据服务实体经济发展作用显著

2018年，党中央、国务院高度重视实体经济发展，尤其要求加大对民营企业、小微企业支持力度，着力解决民营企业、小微企业融资难、融资贵等问题。商业汇票期限短、流动性强、信用风险可控，加之人民银行的再贴现支持，较好地满足了银行的流动性管理需求和风险偏好，票据融资大幅增长。全年票据承兑笔数为2 077.0万笔，比上年增长59.9%；年末票据融资余额为5.8万亿元，同比增长48.7%，占各项贷款的比重为4.2%，同比提高1.0个百分点，在支持实体经济方面作用显著。

2. 票据市场电子化水平进一步提升

近年来，在人民银行的政策推动下，电子商业汇票安全、便捷、高效等优势不断显现，使用范围快速扩大。根据《关于规范和促进电子商业汇票业务发展的通知》（银发〔2016〕224号）规定，自2018年1月1日起，单张金额在100万元以上的商业汇票必须通过电子商业汇票系统办理，电子商业汇票业务占比进一步提升。2018年，票据承兑业务中，电子商业汇票占比首次突破九成，达94.1%，较上年提高5.1个百分点；贴现业务和票据交易中，电子商业汇票占比分别为97.9%和97.3%。

3. 票据支付功能不断增强

票据兼具支付和融资功能，而支付功能的发挥，可以将商业银行和优质企业的信用传递至中小企业，丰富中小企业融资渠道，降低其融资成本。2018年，票据承兑平均面额为88.0万元，较2017年下降21.9%，有利于企业间支付转让。2018年企业使用电子商业汇票支付的总金额为56.6万亿元，较2017年增加21.8万亿元，增长62.6%，远高于整体承兑金额增长量的24.8%。

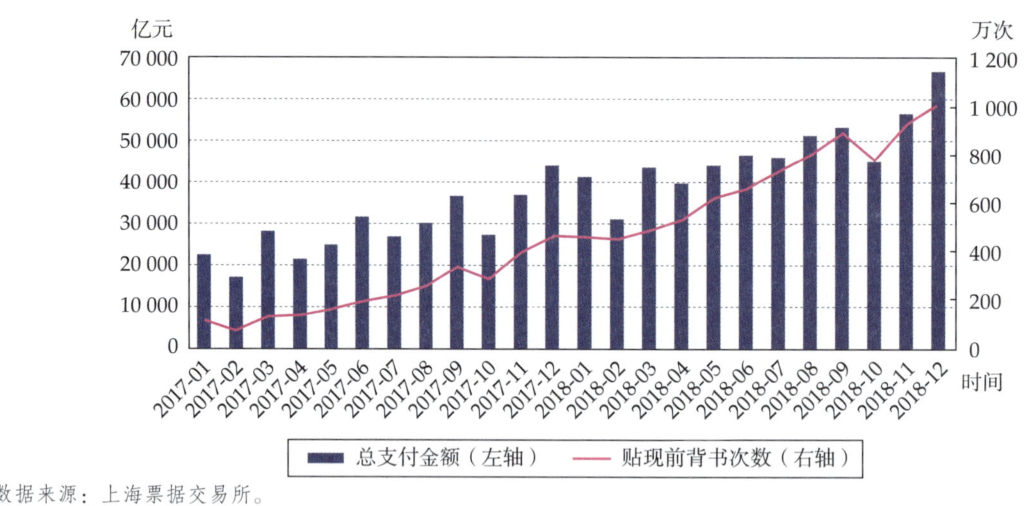

数据来源：上海票据交易所。

图2-24　2017—2018年商业汇票支付金额及背书次数变化情况

4. 票据交易利率与其他货币市场利率走势同步性较高

票据市场是紧密连接货币市场与实体经济的桥梁。年内，7天期票据质押式回购利率与7天期银行间质押式回购利率走势基本保持同步，二者相关系数为0.67。1年期票据转贴现利率与AAA+同业存单利率走势保持高度一致性，二者相关系数达到0.91。

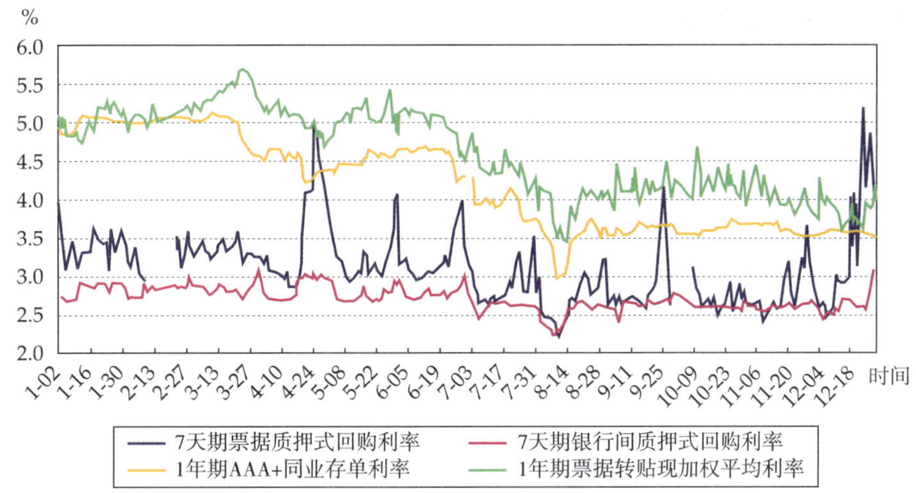

数据来源：上海票据交易所。

图2–25 2018年关键期限票据利率和其他货币市场利率走势

5. 股份制商业银行票据业务活跃

股份制商业银行在各类票据业务占比中均居于市场首位。2018年，股份制商业银行承兑、贴现和票据交易量占全市场的比重分别为42.2%、38.2%和44.9%。城市商业银行承兑业务和票据交易较为活跃，市场占比分别为25.5%和25.5%；大型商业银行贴现业务相对活跃，市场占比为23.2%。

（三）票据市场制度和基础设施

1. 票据市场制度建设进一步完善

为建立全国统一的票据市场，人民银行于2017年10月7日将电子商业汇票系统（ECDS）移交上海票据交易所运营，并于2018年6月4日修订了《电子商业汇票系统管理办法》《电子商业汇票系统运行管理办法》《电子商业汇票系统数字证书管理办法》和《电子商业汇票系统危机处置预案》四项制度，进一步明确ECDS的监督管理。

8月12日，上海票据交易所发布《票据非交易过户业务操作规程》，为市场参与者因法院判决、赠与等非交易事由规范办理票据权属变更登记提供制度依据，进一步完善了票交所业务规则体系。

2. 票据市场基础设施建设有序推进

一是纸电商业汇票交易融合项目顺利实施。2018年10月1日至5日，按照人民银行统一部署，上海票据交易所顺利完成纸电商业汇票交易融合项目投产上线工作。交易融合后，纸质票据和电子票据采用相同的业务规则和交易平台，真正实现了纸质票据和电子票据的同场交易，全国统一、安全高效的电子化票据交易平台基本建成，中国现代化票据市场发展驶入快车道。二是直连接口项目建设与推广有序推进，并于2018年1月29日投产上线。三是数字票据交易平台实验性生产系统上线运行，实现票据全生命流程业务功能，所有业务操作在有效时间内完成上链，保障了每笔业务操作的真实可信和不可篡改。四是中国票据交易系统功能不断优化，先后推出转贴现点击成交和质押式回购匿名点击交易方式、托管账务子系统、计费缴费子系统，完善再贴现业务系统。

（四）票据市场发展展望

2019年，票据市场将继续规范健康发展。市场制度建设将有序推进，基础设施建设将持续完善，票据应用场景有望加速拓展，使用效率将不断提高，票据融资便利性将大幅提升，票据业务的市场规模和创新潜能将被进一步激发。票据市场将更加充分地发挥其服务实体经济、支持普惠金融的优势，推动经济高质量发展。

专题一　银行间市场推出三方回购业务

2018年10月，人民银行发布2018年第18号公告，允许在银行间市场开展三方回购业务。三方回购业务是指由债券登记托管结算机构作为第三方，提供专业担保品管理服务的债券回购交易。相较双边回购，三方回购的优势在于交易双方仅需就回购交易的基本要素如金额、期限、利率等达成一致，而担保品管理相关职能（包括担保品选取、估值、盯市管理、替换、调整等一整套服务）均交由第三方专业机构全权负责。

一、国际三方回购市场的业务模式

三方回购交易起源于美国，在近40年的发展历程中，逐渐成为国际回购市场上的通行做法。从国际经验来看，国际三方回购市场主流的第三方服务商均为大型托管银行（如纽约梅隆银行）或中央证券存管机构（如欧清、明讯）。从交易平台、清算方式和担保品管理的垂直组合看，国际三方回购市场主要有以下三种业务模式：

一是“电子交易平台+中央对手清算+第三方担保品管理”模式。交易双方通过电子交易平台，匿名交易标准化质押券篮子中的债券。交易达成后，中央对手方对交易进行合约替代担保交收，并承担违约风险，第三方提供担保品管理服务。美国存管信托和结算公司的通用担保品回购、伦敦清算所的欧元通用担保品回购均采用此模式。

二是“双边交易+双边清算+第三方担保品管理”模式。交易双方达成交易后，将担保品管理委托给第三方，即传统欧洲三方回购模式。

三是“电子交易平台+双边清算+第三方担保品管理”模式。交易双方在电子交易平台上达成交易后，进行双边清算，并授权第三方进行抵押品管理。

二、引入三方回购业务的作用

三方回购能够有效改善双边回购中参与者面临的风险和成本问题，是双边回购的自然演变完善和有益补充。在银行间市场引入三方回购，具有重要的积极作用。

一是显著提升回购市场专业化分工程度，提高质押式回购交易的操作便利性。通过专业的担保品管理机构对担保品进行管理，可以有效降低金融机构的管理成本，使回购交易双方可以专注于资金借贷，从而提高交易效率，更好地满足投资者流动性管理需求。

二是盘活零碎信用债券，提高二级市场流动性。目前，银行间传统双边回购往往偏好使用余额较大的利率债作为担保品，对信用债及零碎债券的使用比较有限。而在三方回购业务中，只要是符合标准的债券，均可被纳入合格担保品范围。因此，金融机构特别是中小机构投资者可以在不影响现有投资策略的前提下，将所持有的信用债及零碎债券充分利用，从而提升市场参与者的债券使用效率，有效提高二级市场流动性。

在积极借鉴国际经验的基础上，中国银行间市场的债券登记托管结算机构探索推出适合中国债券市场特点的三方回购业务，以提高融资安全性，完善银行间市场的第三方担保品管理机制，更好地与国际金融市场接轨。

专题二 票据市场支持小微和民营企业发展力度加大

我国票据市场经过40年的探索实践，已基本形成全国统一的票据交易体系，成为我国金融市场的重要组成部分。近年来，票据市场规模和参与主体不断扩大，市场基础设施逐步完善，制度创新和产品创新有序推进，风险防控水平显著提升，有力地支持了实体经济持续健康发展。

2018年，在国家大力支持实体经济，尤其是中小微企业、民营企业发展的政策背景下，在监管机构、市场基础设施平台与金融机构的共同努力下，票据市场支持小微企业和民营企业发展的力度不断加大。年内，人民银行多增2 000亿元再贴现额度，专门用于支持小微和民营企业融资，加大政策引导和定向支持；再贴现业务系统实现升级，业务办理效率进一步提高，支持再贴现资金更加精准滴灌实体经济。全年，票据再贴现累计办理0.7万亿元，发生额月平均增长率为10%；年末再贴现余额3 290亿元，同比增长81.2%；年末未到期的再贴现票据加权平均贴现利率为3.93%，较未办理过再贴现的票据加权平均贴现利率低46个基点。

市场基础设施和金融机构积极开展票据产品创新，不断提升票据服务实体企业的效能。上海票据交易所推出了票据供应链创新产品“票付通”，基于B2B电商、供应链场景提供的线上票据支付服务，通过支持票据签发、企业背书环节的线上处理，扩大票据支付应用场景，填补了线上票据支付的空白。中国工商银行推出“工银e贴”，以“线上提交+智能审核+实时到账”为主要特点，实现全流程无人干预的自助贴现服务；浦发银行完善供应链产品顶层设计，依托供应链票据打造“1+N”供应链金融服务生态圈；招商银行依托金融科技推出智能贴现服务，率先落地国内首单“手机银行在线贴现”业务，标志着票据业务迈入了“APP时代”；江苏银行与国家电网联手打造“电e票”，将票据作为电费支付工具，并提供优惠贴现服务，缓解小微和民营企业电费资金占用压力；吴江农商行推出“惠利贴”，对小微企业持有的符合要求的面额小、信用等级低的银行承兑汇票，均以低于一年期贷款基准利率的价格办理贴现业务。

2018年，票据承兑发生额同比增长24.84%，贴现发生额同比增长38.83%，其中小微和民营企业票据超过80%，企业使用电子商业汇票支付的总金额同比增长62.59%，企业对票据的支付需求与日俱增；12月，票据融资加权平均利率为3.84%，比一般贷款加权平均利率低2.07个百分点，票据在缓解企业融资难、融资贵困境中的效果凸显。

第三章 债券市场

2018年，中国债券市场总体发展态势良好。债券市场发行规模平稳增长，公司信用类债券发行量大幅增长，净融资额显著提升；现券交易规模大幅增加，活跃度提高；债券收益率波动下行，总价格指数震荡上行；投资者规模进一步扩大，境外机构参与度显著提升；产品创新、机制创新与规范管理持续加强，对外开放进程加快，债券市场服务实体经济、推动供给侧结构性改革的作用进一步发挥。

一、债券市场的运行情况

（一）债券一级市场

1. 债券发行量平稳增长

2018年，全国债券市场共发行各类债券43.59万亿元，较上年增加2.77万亿元，同比增长6.8%，较上年同期增速回落6.1个百分点。其中，全国银行间市场发行量为37.79万亿元，同比增长2.9%，较上年同期增速回落11.3个百分点，占债券市场发行总额的86.7%。交易所发行量为5.81万亿元，占债券市场发行总量的13.3%。

分券种看，发行量最大的三个券种依次是同业存单、公司信用类债券、地方政府债，发行量分别为21.08万亿元、7.30万亿元和4.20万亿元。其中，同业存单和公司信用类债券同比分别增长4.4%和32.7%，地方政府债同比下降4.4%。

表3-1 2018年债券市场主要券种发行量

券种	发行量（亿元）	同比增长率（%）	券种	发行量（亿元）	同比增长率（%）
国债	35 411.00	-8.4	公司信用类债券	73 012.50	32.7
地方政府债券	41 651.70	-4.4	金融债券	19 727.20	13.7
政府支持机构债券	2 530.00	-11.5	同业存单	210 832.40	4.4
国开行及政策性银行债	33 681.80	2.6	资产支持证券	18 187.50	18.1
国际机构债券	898.60	34.9	合计	435 932.70	6.8

注：1.金融债券包括银行间金融债券和交易所金融债券。其中，银行间金融债券是指在中国境内设立的金融机构法人发行的金融债券，包括商业银行发行的普通金融债券、次级债、混合资本债、二级资本工具，保险公司发行的资本补充债券，以及汽车金融公司等非银行金融机构发行的债券。

2.公司信用类债券包括非金融企业债务融资工具、企业债券、公司债券。

数据来源：中国证监会、中央国债登记结算有限责任公司、上海清算所。

2. 债券托管总量平稳增长

截至2018年年末，全国债券市场托管余额为86.39万亿元，同比增长15.0%，占全年国内生产总值（GDP）的96.0%。其中，全国银行间市场托管量为75.69万亿元，同比增长15.3%，占全国债券市场托管量的87.6%；交易所市场的债券托管量为10.70万亿元，同比增长12.3%，占全国债券市场托管量的12.4%。其中，公司信用类债券托管量为18.54万亿元，同比增长9.4%，占债券市场总托管量的21.5%；分市场来看，银行间市场公司信用债托管量为11.89万亿元，同比增长8.4%，交易所市场公司信用债托管量为6.65万亿元，同比增长11.3%，这是债券市场落实中央经济工作会议精神、切实提高直接融资比重的重要体现。

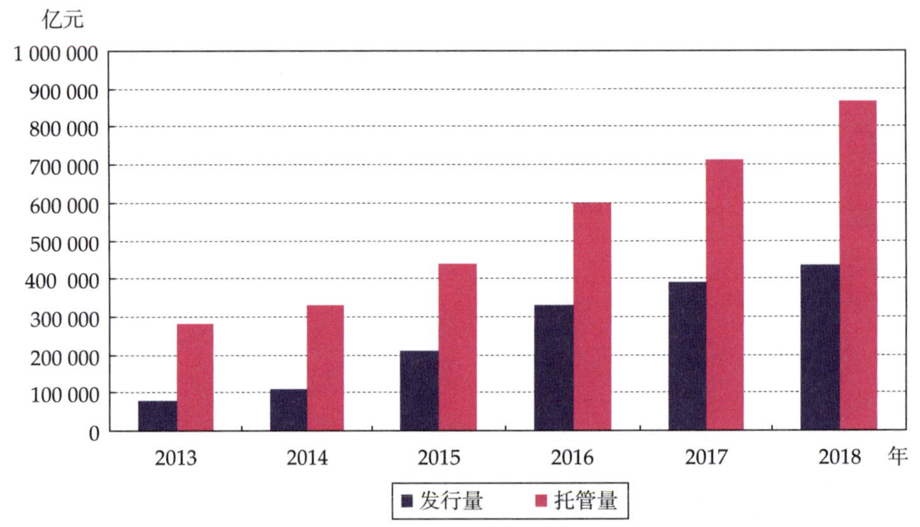

数据来源：中央国债登记结算有限责任公司、上海清算所。

图3-1　银行间债券市场发行量与托管量历史趋势

（二）债券二级市场

1. 现券交易规模大幅增长

2018年，债券市场现券累计成交156.67万亿元，同比增长44.6%，较上年同期增速回升62.6个百分点。其中，银行间债券市场现券累计成交150.74万亿元，同比增长46.6%，较上年同期增速回升65.7个百分点，占全国债券市场现券成交量的96.2%；交易所现券累计成交5.93万亿元，同比增长6.6%，占全国债券市场现券成交量的3.8%。

从银行间市场现券交易的券种结构看，交易量排名前三位的券种依次是同业存单、政策性金融债券和国债，占比分别为37.6%、33.5%和12.5%，这三个券种交易量合计占银行间债券市场的83.6%。

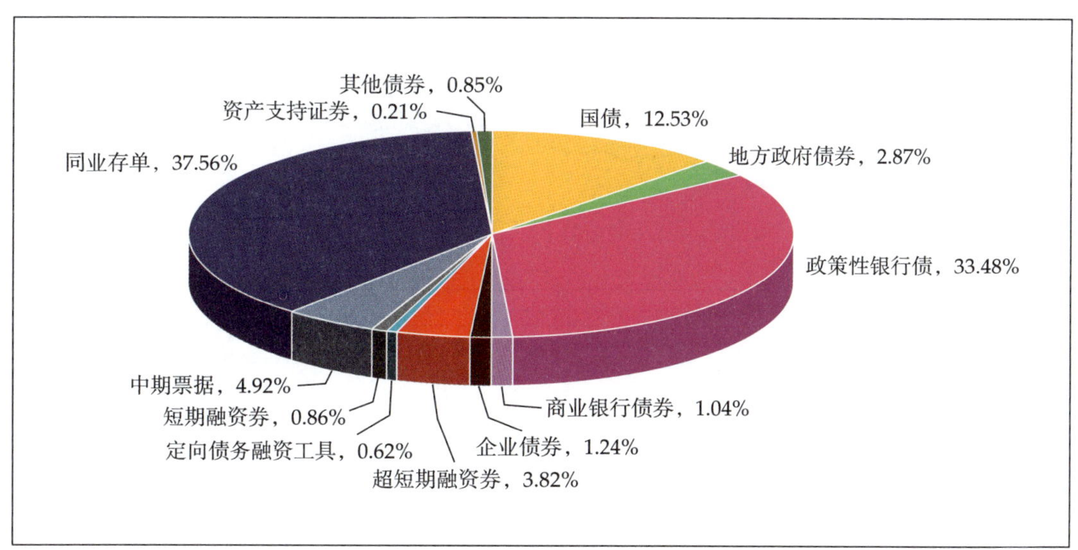

数据来源：中央国债登记结算有限责任公司、上海清算所。

图3-2　2018年银行间债券市场现券交易券种结构

从银行间市场现券交易的期限结构看，待偿期为0~1年、1~3年、3~5年、5~7年、7~10年和10年以上的交易量分别为77.64万亿元、28.42万亿元、15.47万亿元、6.04万亿元、21.03万亿元和2.12万亿元，占比分别为52%、19%、10%、4%、14%和1%。

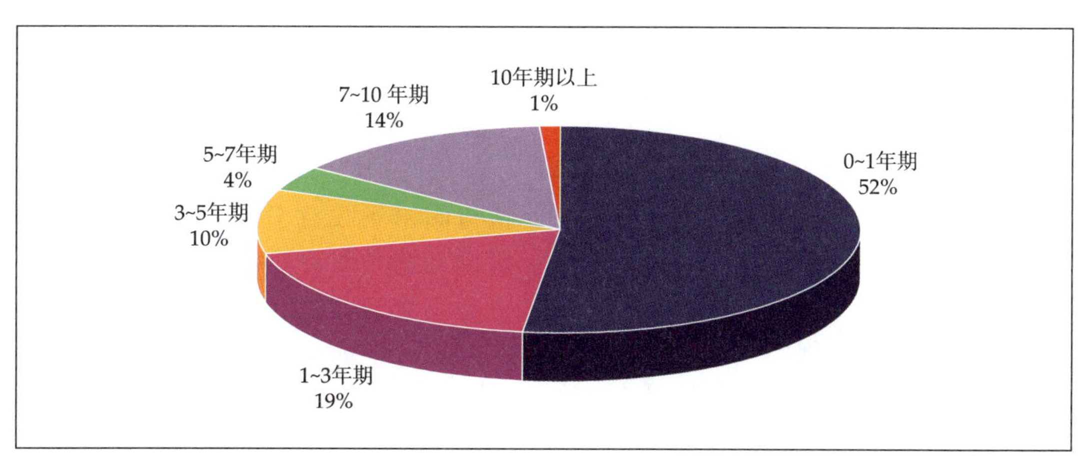

数据来源：中国外汇交易中心。

图3-3　2018年银行间债券市场现券交易期限结构

2. 债券价格指数整体上行

总价格指数震荡上行。中债总财富指数（总值）从年初的167.96上涨至年末的183.98，涨幅达到9.5%，其中4月出现年内单日最高涨幅0.9%。上海清算所信用债综合指数从年初的102.94上涨至年末的110.89，涨幅达7.8%。上证公司债指数（全价）年初为182.04，年内一路上行，整体保持上升趋势，年末升至192.36，增幅为5.7%。

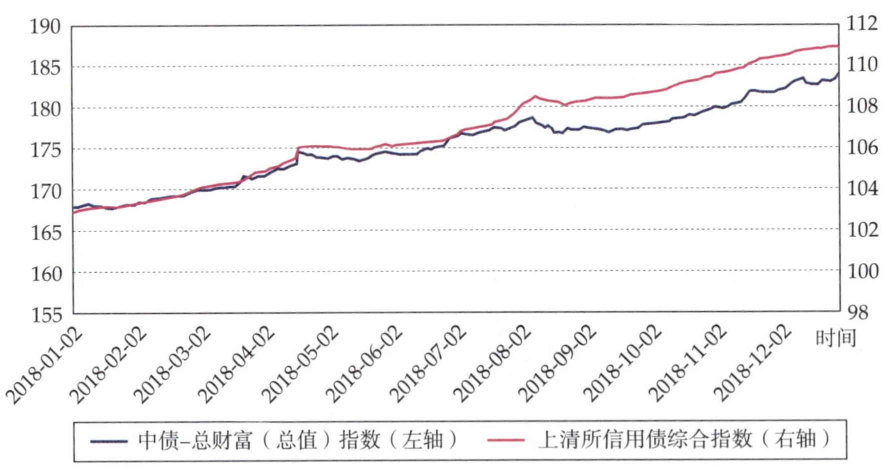

数据来源：中央国债登记结算有限责任公司、上海清算所。

图3-4 2018年银行间债券指数变化趋势

3. 银行间市场投资者结构保持稳定

银行间债券市场投资者持债结构总体变化不大。截至2018年年末，存款类金融机构持债规模为43.43万亿元，持债占比57.4%，占比较上年年末下降0.7个百分点；非法人机构投资者持债规模为21.86万亿元，持债占比28.9%，占比较上年年末提高0.6个百分点。其中，存款类金融机构持有比重最大的券种为地方政府债券，占比35.6%；非法人机构投资者持有比重最大的券种为公司信用类债券，占比37.2%。

4. 银行间市场柜台业务趋向活跃

2018年，银行间债券市场柜台业务日趋活跃。柜台业务分销债券总额为0.32万亿元，同比上升39.5%。柜台交易量为0.13万亿元，同比增长439.1%。截至年末，柜台市场托管余额为0.78万亿元，同比增长7.1%，占银行间市场托管余额总量的1.0%。分券种看，柜台业务托管券种主要为国债和政策性银行债。国债在柜台市场托管余额为0.73万亿元，同比增长3.7%，占银行间市场托管总量的93.8%。

二、债券市场运行的主要特点

（一）债券市场全年走强，债券收益率持续下行

受货币流动性宽松、中美贸易摩擦及经济下行压力加大等因素影响，2018年债券市场走强，全年债券利率下行，收益率震荡下行。

银行间市场债券收益率整体波动下行。银行间市场收益率第一季度缓慢下降，第二季度和第三季度总体运行平稳，期间有震荡反复，第四季度持续下降，年末收益率为3.2%。1年期国债收益率较上年下降119个基点，10年期国债收益率较上年下降65个基点。

交易所市场债券收益率大幅下行。上海证券交易所1年、3年、5年关键期限公司债收益率平均值大幅下行140个基点。其中，1年期公司债收益率震荡下行，自年初持续回落，年末为3.7%。深圳证券交易所国债收益率从年初的3.9%下降到年末的3.2%，降幅65个基点。5年期、1年期国债收益率分别下行

76个基点、99个基点，短端收益率曲线下行幅度超过长端，收益率曲线陡峭化。

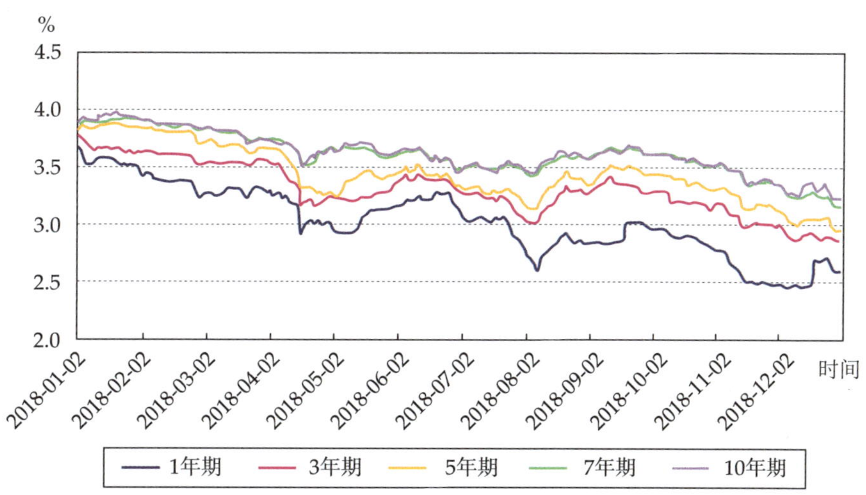

数据来源：中央国债登记结算有限责任公司。

图3-5 2018年关键期限国债收益率走势

（二）公司信用类债券发行量大幅增长，净融资额显著上升

2018年，公司信用类债券发行量大幅增长，金额为7.55万亿元，同比增长32.7%，增速较上年同期提高65.6个百分点。其中，非金融企业债务融资工具和公司债券发行规模分别为5.79万亿元和1.63万亿元，同比分别增长36.3%、42.6%，占公司信用类债券发行总量的74%、22%。公司信用类债券净融资额为2.49万亿元，占全年社会融资总量的12.9%，较上年占比提高10.9个百分点。

（三）主要券种活跃度普遍上升，银行间市场利率债换手率大幅增加

2018年，债券市场整体换手率为1.38，较上年明显改善。其中，银行间债券交易更加活跃，交易所换手率同比略有下行。交易量排名前三的券种分别是同业存单、政策性金融债和国债，占比分别为36.9%、34.0%和12.7%，换手率分别较上年增加114.0个、101.0个和31.0个百分点，地方政府债券换手率也较上年增加19.0个百分点。

表3-2 2017年和2018年银行间市场主要券种换手率比较①

单位：%、个百分点

券种	2018年	2017年	变化
国债	138	107	31
地方政府债	26	7	19

① 换手率：现券交易量/托管量×100（单位：%）。

续表

券种	2018年	2017年	变化
政策性银行债	360	259	101
公司信用类债券	95	99	-4
同业存单	630	516	114
资产支持证券	13	22	-9

数据来源：中国外汇交易中心。

（四）银行间市场参与主体增加，境外投资者持券量显著增加

截至年末，银行间债券市场各类参与主体共计25 674家，较上年年末增加4 172家。其中，境内法人机构2 963家，较上年末增加216家；境内非法人类产品21 525只，较上年年增加3 576只；境外机构共计1 186家，较上年年末增加380家。

境外机构债券持有总量为1.73万亿元，较上年增加0.55万亿元，同比大幅增长46.7%，占机构投资者持有总量的2.3%。除10月、11月持有量环比小幅回落外，其余月份均有不同程度的上涨，且6月实现了全年最大涨幅，增幅为7.9%。

（五）违约数量和规模有所增加，发行人所属行业分散

2018年，共有46家企业130只债券发生违约，涉及金额1 243亿元。其中，有40家民营企业首次发生违约，涉及116只债券、1 136亿元；6家国有企业违约，涉及金额107亿元。但从总体上看，债券违约率仍然维持在合理低位，全年债券市场违约金额占整个市场的比例为0.8%，低于2018年银行业不良贷款率1.9%，也低于过去几年国际债券市场1.1%~2.2%的违约率水平。

从发行人所属行业看，整体分布较为分散，其中既包括煤炭、能源等强周期、重资产行业，也包括农业、互联网、信息服务、纺织品等弱周期、轻资产行业。

三、债券市场创新

（一）民营企业债券融资支持工具落地

2018年10月，国务院常务会议批准设立民营企业债券融资支持工具（以下简称支持工具），由中国人民银行运用再贷款提供部分初始资金，委托专业机构向暂时遇到流动性困难的民营企业提供信用风险缓释、担保增信等服务，积极修复民企债券融资功能。截至2018年年末，银行间市场通过创设63.20亿元信用风险缓释凭证，直接和间接支持35家民营企业发行50只债券，融资229亿元；交易所市场通过创设2.60亿元信用风险缓释合约，直接和间接支持6家民营企业发行6只债券，融资12.20亿元。自实施以来，有支持工具参与的AA+级和AA级民营企业，较同期无支持工具参与的同评级、同期限民营企业的加权发行利率降低70个基点，支持了民营企业融资。

（二）小微企业专项债券蓬勃发展

2015年3月，银监会发布《关于2015年小微企业金融服务工作的指导意见》，提出“三个不低于”，即在有效提高贷款增量的基础上，努力实现小微企业贷款增速不低于各项贷款平均增速，小微企业贷款户数不低于上年同期户数，小微企业申贷获得率不低于上年同期水平。2018年6月，中国人民银行、银保监会、证监会、发展改革委、财政部联合印发《关于进一步深化小微企业金融服务的意见》，取消“三个不低于”等发行前置条件，提出应把做好小微企业金融服务作为服务实体经济、防范化解金融风险的重要抓手，明确鼓励银行业金融机构发行小微企业金融债券，放宽发行条件，加强后续督导，确保筹集资金用于向小微企业发放贷款。全年小微企业金融债券发行1 245亿元，是2017年的11.3倍。

（三）地方政府债券品种不断丰富

2018年，中国人民银行、财政部、银保监会联合发布《关于在全国银行间债券市场开展地方政府债券柜台业务的通知》，明确经发行人认可的已发行地方政府债券可在银行间债券市场开展柜台业务。财政部、住房城乡建设部研究制定了《试点发行地方政府棚户区改造专项债券管理办法》，明确了地方政府棚户区改造专项债券额度管理、预算编制、决算和执行等方面的规定。财政部发布《关于做好2018年地方政府债券发行工作的意见》，鼓励商业银行、证券公司、保险公司等各类机构和个人，全面参与地方政府债券投资。此外，全国首单棚改专项债、首单医疗债、首只公募地方政府债ETF以及首批雄安新区政府债券相继成功发行。

（四）推动微小企业资产证券化创新发展

为落实《关于进一步深化小微企业金融服务的意见》（银发〔2018〕162号）精神，2018年，中国银行间市场交易商协会修订发布《微小企业贷款资产支持证券信息披露指引（2018版）》，明确微小企业贷款类型，拓宽合格资产范围，灵活信息披露指标。在修订指引框架下，已有5家银行注册微小企业贷款资产支持证券共计150亿元，累计发行108亿元，约为2017年的15.4倍。

（五）定向可转债及可转换票据取得突破

2018年11月，证监会提出，积极推进以定向可转债作为并购重组交易支付工具的试点工作，支持包括民营控股上市公司在内的各类企业通过并购重组做优做强，多家上市公司积极研究定向可转债机制参与并购重组。

2018年12月，首单公募永续可转换票据成功发行，发行人为山东钢铁集团，发行金融50亿元人民币，采取“可转换票据+永续票据”的模式设计，债券发行初始即可计入公司权益，并在约定的行权窗口期赋予投资人转股的权利，通过市场化方式降低企业杠杆率。截至2018年年末，银行间市场共支持2家企业发行51亿元可转换票据。

（六）推出CFETS-BOC交易型债券指数

2018年6月，“CFETS-BOC交易型债券指数”发布，该指数是银行间市场首只交易型债券指数，包含了CFETS-BOC国债交易指数、CFETS-BOC政策性金融债交易指数、CFETS-BOC高信用等级债券交易指数和CFETS-BOC高信用等级同业存单交易指数四只子指数。该指数基于银行间市场各类债券的交易特点，综合考虑债券成交量、做市报价机构数量等交易性因素，选取数量适中的活跃券作为指数样本券，为境内外投资者提供准确、实用的业绩基准，便于投资者进行有效的债券市场组合投资与风险管理。

四、债券市场制度和基础设施建设

（一）不断完善债券发行管理制度

1. 多渠道支持商业银行补充资本

2018年2月，中国人民银行在广泛调研和征求意见的基础上，牵头起草并发布了《关于银行业金融机构发行资本补充债券有关事宜的公告》（中国人民银行公告〔2018〕第3号），规范银行业金融机构发行资本补充债券的行为。3月，银监会、中国人民银行、证监会、保监会、外汇局联合发布了《关于进一步支持商业银行资本工具创新的意见》，支持商业银行多品种、多渠道创新发行资本补充工具。12月，国务院金融委办公室召开专题会议，研究通过发行永续债等方式支持商业银行补充资本。同期，中国银行公布拟发行400亿元永续债的计划，是商业银行资本补充的一次有益尝试。

2. 银行间市场引入弹性招标发行和公开承销发行

2018年8月，中国人民银行发布《关于试点开展金融债券弹性招标发行的通知》，财政部发布《地方政府债券弹性招标发行业务规程》，国家开发银行首次采用弹性招标方式增发2018年第十期金融债券。财政部印发《地方政府债券公开承销发行业务规程》，明确公开承销适用范围，便于发行人通过簿记管理人协助开展债券发行工作。9月，三只新疆维吾尔自治区项目收益专项债采用公开承销方式顺利发行。

3. 完善知名成熟发行人制度

2018年8月，上海证券交易所研究并推出知名成熟发行人制度，对符合“8+1”模式条件的优质发行人开辟绿色通道，将平均发行审核时长缩短至5个工作日内，提高了融资效率。截至2018年年末，被纳入知名成熟发行人名单的企业共计108家，全年发行金额2 784亿元，发放批文额度4 290亿元，涵盖绿色公司债、可续期公司债等债券品种。

4. 积极推动定向发行制度机制优化

2018年，中国银行间市场交易商协会修订和完善《定向债务融资工具专项机构投资人遴选细则》，遴选出“2018年度定向债务融资工具专项机构投资人名单”，丰富专项机构投资人队伍，激发各类参与主体的主动性和积极性，提升市场运行效率，助力多层次债务资本市场建设与发展，进一步发挥定向工具服务实体经济的积极作用。

（二）持续推动债券交易管理制度建设

2018年4月，中国人民银行发布2018年第18号公告，规范银行间市场三方回购业务有关事项。上海证券交易所、深圳证券交易所先后发布《上海证券交易所　中国证券登记结算有限责任公司债券质押式三方回购交易及结算暂行办法》《深圳证券交易所　中国证券登记结算有限责任公司债券质押式三方回购交易及结算暂行办法》，丰富和完善了交易所市场质押式回购交易机制。

（三）加强风险防范和处置制度建设

1. 进一步规范金融机构资产管理业务

2018年4月，中国人民银行、银保监会、证监会、外汇局联合发布《关于规范金融机构资产管理业务的指导意见》，按照产品类型制定统一的监管标准。7月，人民银行发布了《关于进一步明确规范金融机构资产管理业务指导意见有关事项的通知》，进一步明确了公募资产管理产品的投资范围、过渡期内相关产品的估值方法和宏观审慎政策安排等。12月，中国人民银行、银保监会、证监会和外汇局发布《金融机构资产管理产品统计制度》，为防范和化解系统性金融风险、提升金融服务实体经济的能力提供数据支撑。

2. 完善推广优化投资者保护条款范例

2018年，中国银行间市场交易商协会结合境外成熟市场经验和境内投资者权益保护实际情况，积极探索投资者保护条款的完善，待制度研究成熟后向市场公布。保护条款涵盖投资者适度介入公司治理、有条件地限制发行人经营行为、债券违约事件的界定及对违约责任的快速响应和处置机制等内容。据统计，全年发行的债务融资工具中约有32.5%的部分添加了投资者保护条款。

3. 推出到期违约债券转让机制

为完善违约债券处置机制，为投资者提供更多的退出渠道选择，降低风险累积，中国外汇交易中心与北京金融资产交易所合作，在银行间市场共同推出到期违约债券转让试点。到期违约债券转让试点机制基本遵循现行银行间市场框架，通过一对一询价、匿名拍卖、动态报价等方式提供到期违约债券转让服务，满足不同投资者的多元化需求。

（四）加强债券市场信息披露和信用制度建设

1. 进一步规范发债企业信息披露

2018年，根据中国人民银行等五部委发布的《关于进一步深化小微企业金融服务的意见》，中国银行间市场交易商协会组织市场成员修订并完成《微小企业贷款资产支持证券信息披露指引（2018版）》，上海证券交易所发布《上海证券交易所资产支持证券定期报告内容与格式指引》，进一步完善债券市场信息披露机制。

2. 完善信用评级自律管理制度建设

2018年3月，银行间市场交易商协会发布《非金融企业债务融资工具信用评级机构自律公约》和《非金融企业债务融资工具信用评级业务调查访谈工作规程》，进一步增强评级行业自律管理制度的层次化和系统化，建立了以投资者为导向的市场化评价体系。同时，《银行间债券市场信用评级机构注册评价规则》发布，建立了以投资者为导向的市场化评价体系。

3. 夯实债券存续期监管制度基础

2018年，沪深交易所修订并发布《公司债券上市规则》和《非公开发行公司债券业务管理暂行办法》，夯实交易所市场自律管理规则体系，规范市场参与主体的上市挂牌、信息披露、交易转让等市场行为。同时，上海证券交易所建立健全资产支持证券监管机制，发布实施了《上海证券交易所资产支持证券定期报告内容与格式指引》《上海证券交易所资产支持证券存续期信用风险管理指引》，提升资产支持证券信息披露质量，强化存续期信用风险管理；修订了《全国银行间同业拆借中心债券交易流通指南》，规范债券存续期间要素变更流程。

（五）推动债券市场基础设施建设

1. 国债预发行实行履约担保制度

2018年12月，《关于银行间债券市场国债预发行履约担保有关事宜的通知》发布，明确国债预发行交易实行履约担保制度。国债预发行履约担保机制包括保证金与保证券。保证券应使用国债、地方政府债券、央行票据、开发性金融机构及政策性银行债券等。交易双方可选择双边履约担保或选择由第三方提供履约担保集中管理服务。国债预发行业务有助于降低国债承销商的承销风险，改善国债市场价格发现功能，促进国债市场功能的充分发挥。

2. 债券担保品业务实现新发展

2018年12月，中央国债登记结算有限公司与交通银行签署同业授信质押业务协议，同业授信业务担保品正式落地。深圳证券交易所发布《债券质押式三方回购交易及结算暂行办法》，将非公开发行债券及资产支持证券纳入新的担保品范围。上海证券交易所发布《上海证券交易所债券担保品处置平台服务指引》，正式推出债券担保品处置平台业务，进一步完善了债券回购市场违约处置机制，保障了相关各方的合法权益，维护了债券市场的稳定运行。

3. 推出银行间市场实名询价工具IDEAL

中国外汇交易中心设计推出银行间市场实名询价工具IDEAL，该工具可通过格式化报价对接本币交易系统，提升了交易效率，同时实现了交易实时监控、询价全程留痕，既满足了监测监管要求，也为机构内部风险控制提供了有力抓手。

4. 持续推动非金平台优化，提高非金投资人服务水平

为完善多层次债券市场体系建设，进一步夯实银行间债券市场投资人基础，2014年11月，中国人民银行推出非金融机构合格投资人交易平台（以下简称非金平台），允许非金融机构合格投资人通过该平台参与银行间债券市场。2018年，北京金融资产交易所作为非金平台运营机构，持续推动非金平台优化相关工作，增加上海清算所托管的部分金融债券、引入业务培训线上化、积极推动地方资产管理公司和地方信用增进公司等入市，提高非金平台知名度和活跃度。截至2018年年末，共有43家主承销商、88家投资人参与非金融机构合格投资人交易平台业务，累计达成139笔交易，成交券面总额为25.54亿元。

（六）加强债券市场监管协调

1. 建立统一的债券市场执法机制

2018年12月，人民银行、证监会、发改委联合发布《关于进一步加强债券市场执法工作的意见》，明确证监会依法对银行间及交易所债券市场违法行为开展统一的执法工作，对涉及公司债券、企业债券、非金融企业债务融资工具等各类债券的信息披露违法违规、内幕交易以及其他违反《证券法》的行为，依据《证券法》有关规定进行认定和处罚。人民银行、证监会、发改委协同配合做好债券市场统一执法工作，进一步完善债券市场管理制度，形成分工明确、密切配合、协同有效的债券市场监管协作机制。

2. 加强信用评级统一管理

2018年9月，人民银行和证监会联合发

布2018年第14号公告，要求逐步统一银行间和交易所债券市场评级业务资质，加强对信用评级机构的监管和信息共享，推进完善信用评级机构内部制度等。公告明确，人民银行、证监会以及交易商协会将协同做好债券市场评级机构业务资质的审核和注册，对已在银行间或交易所市场开展评级业务的机构，将设绿色通道实现业务资质互认。

3. 成立绿色债券标准委员会

2018年12月，绿色债券标准委员会（以下简称绿标委）正式成立，旨在规范绿色债券评估认证行为，有序开展绿色评估认证机构备案、市场化评议相关工作，推动行业自律规范。首届委员会成员单位主要包括相关市场自律组织、基础设施平台以及在绿色金融领域具有一定影响力和专业性的市场机构，其中交易商协会为主任单位，承担相关组织协调工作。

五、债券市场对外开放

（一）对外开放政策不断完善

1. 发布《银行间债券市场境外机构债券发行管理办法》

2018年9月，人民银行、财政部制定了《全国银行间债券市场境外机构债券发行管理暂行办法》（以下简称《办法》），进一步明确境外机构在银行间债券市场发债应具备的条件、申请注册程序，并规范了信息披露、发行登记、托管结算以及人民币资金账户开立、资金汇兑、投资者保护等事项。在信息披露方面，《办法》明确了财务报告会计准则的披露要求以及境外机构提供熊猫债发行的审计服务规则等。《办法》为境外发行人提供了一个更加清晰的银行间市场熊猫债发行制度。截至2018年年末，债券市场熊猫债发行成果显著，中国债券市场熊猫债累计发行175只，发行金额3 215.3亿元，托管余额为2 744.5亿元；其中，银行间市场累计发行1 980.6亿元，托管余额为1 549.6亿元。

2. 简化投资者备案要求

2018年6月，根据中国人民银行总行有关工作部署，中国人民银行上海总部发布2018年第2号公告，简化了境外投资者进入中国银行间债券市场投资备案的信息收集和报备要求，进一步优化营商环境，促进金融市场对外开放，便利了境外投资者入市。

3. 实施对境外机构投资者的税收优惠

2018年，为鼓励和吸引境外资本，债券市场发布实施《关于境外机构投资境内债券市场企业所得税增值税政策的通知》，规定自2018年11月7日起至2021年11月6日止，对境外机构投资境内债券市场取得的债券利息收入暂免征收企业所得税和增值税，并明确政策实施范围不包括境外机构在境内设立的机构、场所取得的与该机构、场所有实际联系的债券利息。

（二）境外机构参与银行间市场程度不断提高

1. 境外机构参与者数量和投资规模不断扩大

2018年，债券市场新增380家境外机构投资者，其中224家是通过“债券通”入市，其余通过直接入市投资。截至年末，境外机构在银行间债券市场的债券托管总量为1.73万亿元，同比增长46.7%。截至年底，银行间市场的境外发债主体已包括外国政府类机构、国际开发机构、金融机构和非金融企业等，累计发行人民币债券1 980.60亿元。

2. 外资承销机构队伍扩大

2018年，债券市场新增2家外资银行，成为非金融企业债务融资工具B类主承销商；新增1家外资银行，成为非金融企业债务融资工具承销商。截至2018年年末，非金融企业债务融资工具承销机构队伍共有3家外资银行B类主承销商、3家外资银行类承销商，与上年相比，数量有所增加，结构持续优化。7月，上海市政府首次引入渣打银行、星展银行两家外资银行承销地方政府债券，开创了外资金融机构参与承销地方政府债券发行的先河。

（三）市场定价、交易的开放程度不断加深

1. 中国国债和政策性银行债券被正式纳入彭博巴克莱全球综合指数

2018年3月，彭博宣布自2019年4月起，逐步把以人民币计价的中国国债和政策性银行债券纳入全球使用最为广泛的固定收益基准指数——彭博巴克莱全球综合指数。自完全纳入后，人民币债券将成为继以美元、欧元、日元计价之后的第四大货币债券。

2. 债券通系列功能完善

2018年，中国人民银行发布《债券通（北向通）结算操作暂行规程》，批准外汇交易中心与彭博合作，规范和便利境外投资人交易。“债券通”电子交易平台上线大宗债券交易分仓功能，进一步满足境外资产管理人交易需求。境内托管机构完善系统功能改造，全面实现券款对付（DVP）结算。首单通过“债券通”机制引入境外投资者的住房抵押贷款支持证券产品和资产支持票据成功发行。截至2018年年末，债券通投资者持债总量为1 800.89亿元，同比增长102.8%。

3. 债券市场境内外合作交流加深

2018年，彭博公司与中国外汇交易中心联合宣布，开始向全球合格投资者提供接入中国银行间债券市场的渠道，通过彭博终端与中国外汇交易中心系统的连接，实现在代理和债券通两种模式下进入银行间债券市场的功能。此外，债券市场分别与卢森堡证券交易所、加拿大多伦多证券交易所、世界银行、IHS Markit等机构达成合作。在卢森堡交易所发布“中债—中国绿色债券指数”等三只绿色债券指数；与加拿大多伦多证券交易所签署合作备忘录；发布“中债-SDR人民币三个月固定期限利率指数”等两只指数，并将其作为世界银行人民币投资业绩参考基准；联合IHS Markit公司发布“中债iBoxx政府债及政策性银行债指数”，打造首只运用中国债市基准价格的全球品牌指数。

4. 推动外资评级机构进入银行间债券市场

2018年3月，中国银行间市场交易商协会发布了《银行间债券市场信用评级机构注册评价规则》（以下简称《规则》），对信用评级机构注册评价及分层分类管理等作出了具体规定，明确境内外评级机构可以依据规定向交易商协会就拟开展的债券评级业务类别申请注册，并按照接受注册的债券评级业务类别开展评级活动，境内外机构申请注册评级业务的要求和流程基本一致。该《规则》的发布有利于推动银行间债券市场对外开放，加强信用评级业务自律管理。

（四）债券市场支持“一带一路”建设持续深化

债券市场继续服务“一带一路”沿线政府类机构及有助于基础设施互联互通的境外

企业等。截至2018年年末，银行间市场先后为波兰、匈牙利、菲律宾等“一带一路”沿线政府类机构，以及支持“一带一路”建设的法国液化空气集团、普洛斯中国控股有限公司等境外非金融企业注册并发行“熊猫债”，发行规模为712.60亿元。2018年，交易所市场共发行“一带一路”债券132亿元，获得“一带一路”沿线国家投资人的广泛认可和积极认购。

六、债券市场发展展望

根据党的十九大精神和中央经济工作会议决策部署，2019年，债券市场将继续围绕服务实体经济、防控金融风险和深化金融改革的主线，坚持稳中求进工作总基调和新发展理念，坚持市场化、法治化和国际化原则，做好金融市场创新工作，进一步完善债券市场基本制度和基础设施服务水平，稳步发展信用衍生品市场，持续推动债券市场对外开放，提升服务实体经济的能力和水平。

债券产品和工具持续创新。债券市场将继续加大在小微、“三农”、绿色、双创、扶贫以及战略新兴产业等领域的支持力度，多措并举推动信用债的发行，稳步发展资产证券化，大力推进地方政府专项债发行，持续推动永续债等创新型债券产品的发行和机制成熟，加快实现三方回购及中央债券借贷等业务的落地实施，持续服务“一带一路”建设，着力增强京津冀、长三角、粤港澳等区域的协调发展。未来，债券市场将在持续创新中迎来新的发展点，发行和托管规模均有望再创新高。

债券市场基础设施和制度建设将更加健全。未来将进一步完善交易结算机制和技术系统建设，加强金融基础设施统筹监管。进一步推动形成完善的中国境内多级托管制度，规范债券全生命周期管理制度，制定并出台标准化债权资产的认定规则，做好与资管新规的配套和衔接，研究制定统一的资产支持证券相关管理办法，推进资产证券化市场健康发展。

风险防控和处置机制将更加健全。债券市场将进一步探索建立市场化、法治化的债券违约风险处置机制；进一步完善公司信用债发行和存续期的信息披露规则，强化完善信息披露机制；进一步增强交易监测和风险预警能力，打击债券违法违规行为，加快并完善信用衍生品和担保品市场的发展。

债券市场对外开放水平将不断提高。随着中国债券融入国际主流债券指数程度的不断加深，各项便利境外投资者的制度逐步完善，未来债券市场将吸引更多的境外机构入市投资。债券市场将继续推动与国际市场的互联互通，不断优化境外投资者参与外汇对冲交易的相关机制安排，推进信用衍生品的应用，并适时全面放开回购交易，以满足境外投资者的合理投资和风险对冲需求。

专题三 民营企业债券融资支持工具

一直以来，党中央、国务院高度重视民营企业金融服务工作。习近平总书记提出，民营经济是推动社会主义市场经济发展的重要力量，要坚持“两个毫不动摇”。为贯彻落实党中央、国务院支持民营经济发展的重要指示精神，2018年10月，经国务院常务会议批准，按照市场化、法治化原则，由中国人民银行引导设立民营企业债券融资支持工具，稳定和促进民营企业债券融资。

一、设立背景

民营企业，特别是中小微企业融资难、融资贵是中国经济较长期存在的问题。2018年以来，受国内外经济形势复杂多变等因素影响，部分民营企业、小微企业出现了经营和融资困难，民营企业债务违约也有所增加，部分市场主体对民营企业风险偏好降低，对民营企业融资存在非理性行为，市场“羊群效应”显现，一些经营正常的民营企业融资困难。因此，市场普遍认为有必要采取果断措施，释放积极信号，适度纠偏和改善市场预期。

债券市场具有公开、透明、预期引导性强的特点，选择债券市场作为突破口支持民营企业发债融资，对于改善市场预期、提振投资者信心具有积极意义。2018年10月22日，国务院常务会议批准设立民营企业债券融资支持工具（以下简称支持工具），以市场化方式帮助企业融资。

二、运作模式

民营企业债券融资支持工具运作的总体框架是，由中国人民银行运用再贷款，为民营企业债券融资支持工具提供部分初始资金，并委托专业机构进行市场化运作，通过出售信用风险缓释工具、为企业提供担保增信服务等多种方式，支持经营正常、暂时遇到流动性困难的民营企业债券融资。

民营企业债券融资支持工具运作的主要原则有：一是法治化、市场化原则。严格遵守法律法规，采用市场化方式运作，切实保护民营企业私有产权。二是有的放矢、适时退出。支持暂时遇到流动性困难，但有市场、有前景、技术有竞争力的民营企业债券融资。“支持工具”为阶段性安排，如果市场恢复常态，将有序退出。三是风险共担，严防道德风险。支持工具、地方信用增进或担保机构以及其他市场参与机构，按照风险收益对等原则共担信用风险。严防委托代理中的道德风险。

三、运作情况及效果

民营企业债券融资支持工具可从多方面帮助缓解民营企业融资难、融资贵的问题。一是缓解民营企业发债困难。信用风险缓释凭证由投资人购买，费用由投资人支付，能够满足不同风险偏好投资人的个性化需求，吸引更多低风险偏好的投资人参与投资，有助于缓解民营企业发债困难。二是降低民营企业发债成本。缓释凭证与债券联动发行没有增加发债企业的额外费用，同时由于扩大了民营企业债券投资人基础，也在一定程度上降低了民营企业的发债成本。三是参与主体实现多方共赢。发行人节约了融资成本，风险偏好较低的投资者通过购买缓释凭证扩大了可投资品种范围，基金、城商行等风险偏好较高的投资者也加大了配置力度，各方均给予了积极正面评价。

截至2018年年末，银行间市场通过创设63.20亿元信用风险缓释凭证，直接和间接支持35家民营企业发行50只债券，融资229亿元；交易所市场通过创设2.60亿元信用风险缓释合约，直接和间接支持6家民营企业发行6只债券，融资12.20亿元。有支持工具参与的AA+级和AA级民营企业，较同期无支持工具参与的同评级、同期限民营企业的加权发行利率降低70个基点，支持了民营企业融资。

专题四 中国绿色债券市场

绿色债券作为绿色金融的一部分，可以助推绿色发展。习近平总书记指出，发展绿色金融，是实现绿色发展的重要措施，也是供给侧结构性改革的重要内容，要利用绿色信贷、绿色债券等金融工具和相关政策为绿色发展服务。随着监管政策和制度建设的日渐完善，中国绿色债券市场朝着规范化的方向稳步发展。2018年，绿色债券发行数量和发行规模持续增长，多项政策出台支持绿色债券，并实现了多项产品和发行方式的创新。

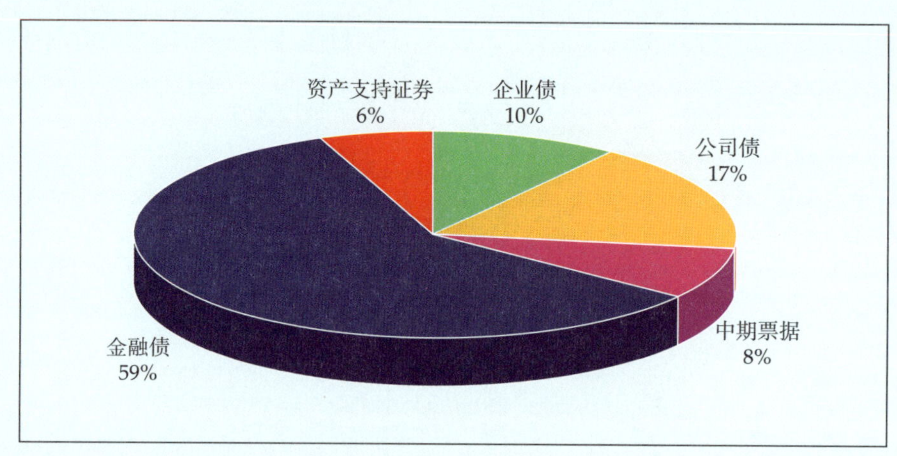

数据来源：中央国债登记结算有限责任公司。

图3-6 绿色债券发行规模结构（分券种）

在发行数量与发行规模方面，截至2018年年末，中国境内债券市场上贴标绿色债券[①]规模达到2 826亿元[②]，同比增长13.7%，共包括了115个发行主体发行的金融债、企业债、公司债、中期票据、资产支持证券等各类债券208只。绿色债券的发行主体主要集中在金融业，占绿色债券发行总额的63.5%。新发行的绿色债券评级维持较高水平，AAA评级占比增多，占总体绿色债券发行规模的77.9%，低评级债券占比大幅下降。

在政策支持绿色债券方面，2018年，人民银行出台系列政策支持绿色金融。一是发布《关于加强绿色金融债券存续期监督管理有关事宜的通知》和《绿色金融债券存续期信息披露规范》，加强绿色

① 贴标绿色债券是指经官方认可发行的绿色债券，募集资金主要用于解决气候变化的资产或项目。

② 其中，2018年在岸发行绿债规模是2 200.53亿元，发行主体101个，共发行186只绿债；离岸发行绿债规模是625.81亿元，发行主体14个，共发行22只绿债。限于离岸绿债分类方法与在岸绿债不一致，本文后续主要分析在岸绿债情况。

金融债券存续期监督管理。二是将绿色债券作为合格抵押品，纳入中期借贷便利（MLF）担保品范围，引导金融机构加大对绿色经济的支持力度。

在产品和发行方式的创新方面，绿色债券市场参与主体多元化，多只“首单”产品成功落地。2018年，发行新三板首单绿色债券，用于“光学级BOPET薄膜生产线项目”的投建；发行首单融资租赁绿色债券，用于风力、水力、太阳能光伏发电等清洁能源类租赁项目；发行首只优质民营企业债券，助力民营企业健康发展，绿色债券精准投向绿色产业支持的重点领域。中国绿色债券指数首次登陆海外交易所，中债绿色系列债券指数（包括“中债—中国绿色债券指数”“中债—中国绿色债券精选指数”和“中债—中国气候相关债券指数”）登陆卢森堡交易所，对于提升中国绿色债券国际化水平具有重要意义。2018年，交易商协会继续加大产品创新力度，多个绿色首单项目陆续落地。首单绿色“债券通”成功发行，募集资金用于绿色建筑建设，提升绿色债券市场对外开放水平；首单非金融企业可持续发展债券落地，募集资金全部投向绿色建筑保障房项目，助力实现百姓“住有所居”且住得环保；首单“三绿”ABN项目落地，发行主体、基础资产和募集资金用途均为绿色，助力企业盘活绿色资产。

绿色债券市场的日益完善助推了绿色发展与生态文明建设。一是绿色债券可以帮助绿色企业降低融资门槛与融资成本，改善企业形象，推动绿色创新企业成长，促进传统企业绿色转型升级。二是通过绿色债券宣传推广绿色投资理念，强化投资者的绿色社会责任观念，培育中国机构投资者与个人投资者的绿色环保意识，推进中国绿色经济转型。未来，预计中国企业直接参与绿色债券市场的程度将进一步加深，绿色债券发行有较大提升空间。

第四章 股票市场

2018年，中国股票市场整体运行波动加大，IPO保持了常态化运行，长期资金和国际资金加速入市，资本市场支持科技创新企业和新型经济发展力度加大，服务"一带一路"建设取得积极进展，市场监督和风险管理制度进一步完善，资本市场内生稳定机制进一步增强。

一、股票市场运行情况

（一）股票发行与融资

2018年两市共计509家公司进行融资，规模达12 107亿元，同比下降53.8%，融资金额下降29.7%。其中，共有105家公司IPO融资，同比下降76%，IPO融资总规模达1 378.2亿元，同比下降40.1%；共有267家公司增发股份，同比下降50.56%，增发规模达7 523.5亿元，相较2017年的12 705.3亿元，同比下降40.8%；共15家公司进行配股，同比上升114.3%，配股金额为228.3亿元，同比增长40.1%；共7家公司发行优先股，规模达1 349.8亿元，2017年仅有1家上市公司发行优先股，规模为200亿元；共77家公司发行可转债，同比上升234.8%，发行金额为1 071.1亿元，同比上升77.7%。另外，两市共有38家公司发行可交换债，同比下降59.1%，发行规模为556.5亿元，同比下降55.5%。

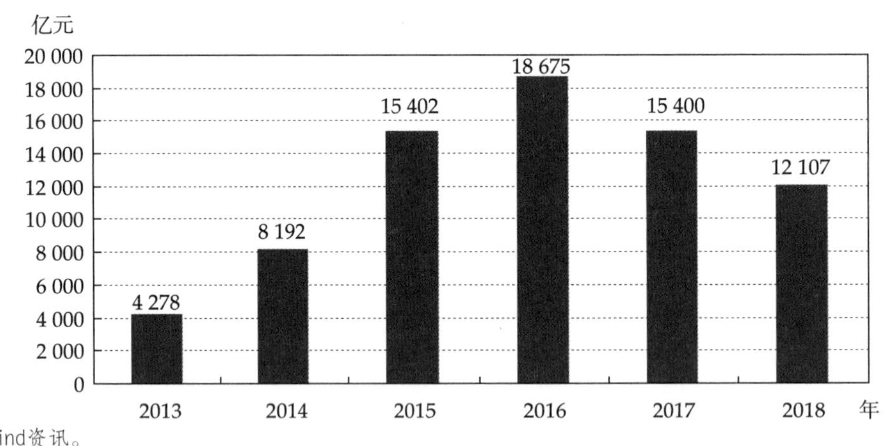

数据来源：Wind资讯。

图4-1 2013—2018年股票市场总筹资金额

（二）股票指数与交易

全年两市A股累计成交89.65万亿元，同比下降19.78%。其中中小板成交19.95万亿元，同比下降20.83%，创业板成交15.83万亿元，同比下降3.89%。全年市场指数重心持续下移，上证综指年末收于2 493.90点，全年下跌24.59%，为近十年最大跌幅，上证50指数、上证100指数、上证150指数分别下跌19.8%、29.5%和36.6%。深证成指年末收于7 239.79点，全年下跌34.42%，中小板指和创业板指亦分别下跌37.75%和28.65%。截至年末，流通A股总市值35.25万亿元，同比下降21.23%，平均市盈率13.138倍，同比下降32.65%。

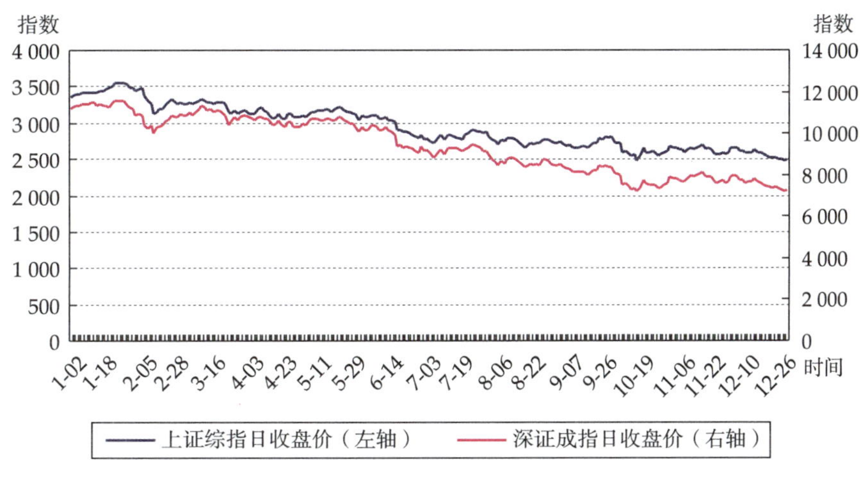

数据来源：Wind资讯。

图4-2　2018年股票市场指数走势

二、股票市场运行的主要特点

（一）融资结构不断优化，积极支持新经济发展

2018年，股票市场融资有所放缓，融资总量、首发和增发股份的上市公司数量及金额均呈现下降态势，IPO趋于常态化运行，再融资占比继续处于近6年较低水平。融资结构有所优化，配股、优先股和可转债发行规模快速上升，新经济相关产业首次上市融资占比上升， 2018年IPO规模前五大行业分别为计算机、通信和其他电子设备制造业（395.32亿元）、货币金融服务（117.09亿元）、资本市场服务（106.08亿元）、专用设备制造业（98.83亿元）及电气机械及器材制造业（85.08亿元），支持新经济发展力度加大。

（二）外围不确定因素增多，市场波动幅度加大

2018年，内外部经济金融环境更趋复杂多变，中美贸易摩擦对宏观经济和股票市场情绪形成冲击，内部经济下行压力对上市公司盈利形成明显压制。受此影响，股票市场波动幅度有所加大，上证综指波动率（涨跌幅标准差）为1.2%，同比上升0.7个百分点，涨跌幅超过1%的天数为82天，同比增加70天；深证成指波动率（涨跌幅标准差）为1.2%，同比上升0.6个百分点，涨跌幅超过1%的天数为109天，同比增加60天。

（三）投资者结构有所改善，机构占比明显提升

2018年，自然人投资者交易占比由上年

的82%降至76%，持股比例（自由流通市值，下同）由45%降至42%。沪市专业机构投资占比明显提升，全年交易额14.5万亿元，占比由14%提升至18%，持股2.7万亿元，占比由26%提升至27%。深市专业机构投资者持股占比由2014年的11.9%上升至2018年的14.64%，同期交易占比由7.1%上升至14.59%。

（四）沪深港通成交量逐年攀升，境外机构投资者比重增加

沪港通全年成交额为4.67万亿元人民币，较2017年成交总额2.26万亿元大幅增加。其中沪股通成交额为2.66万亿元人民币，全年净流入超过1 810亿元人民币；深港通全年累计交易金额为2.01万亿元人民币，全年净流入超过1 810亿元人民币。外资通过沪深港通参与国内A股市场交易金额分别占沪深两市同期交易金额的4.4%和2.59%；截至2018年年末，外资在沪深两市持仓分别达7 300亿元和2 244.6亿元人民币，占沪深两市A股流通市值的比重分别为7.3%和3.1%，外资交易量和持仓量与上年相比均有所提升。

三、股票市场产品创新与制度建设

（一）丰富场内新型投资产品，支持国家重点发展战略

1. 富国中证10年期国债ETF挂牌上市

境内首只现金申赎类债券ETF——富国中证10年期国债ETF在上交所挂牌上市，产品首发规模为2.4亿元。现金申赎类债券ETF的顺利推出，是对现有的债券ETF组合证券申赎模式的有效补充，是ETF产品多元化发展的成功探索。

2. 两只央企结构调整ETF成立

华夏央企结构调整ETF和博时央企结构调整ETF成立，首发募集规模达到410亿元。其中，博时央企结构调整ETF募集规模超过250亿元，是近年来首发募集规模最大的权益类ETF产品。

3. 海富通上证10年期地方政府债券ETF挂牌上市

国内首只地方债ETF——海富通上证10年期地方政府债券ETF在上交所挂牌上市，首发规模突破60亿元。

4. 新增多只重点指数产品

2018年，新增重点指数产品包括创新成指、蓝天环境改善、人工智能、四川国改、全球电子游戏、创始经营、绿色领先、股权激励等主题，紧密围绕支持国家重大发展战略，积极打造多样化指数产品。

（二）推进创新企业上市发行，建立CDR发行制度

3月30日，国务院办公厅转发证监会《关于开展创新企业境内发行股票或存托凭证试点的若干意见》，对支持创新企业在境内发行上市作了系统制度安排，6月6日，中国证监会正式发布《存托凭证发行与交易管理办法（试行）》，修改并发布《首次公开发行股票并上市管理办法》《首次公开发行股票并在创业板上市管理办法》，同时发布了系列试点工作配套规则，明确了存托凭证的法律适用和基本监管原则，对存托凭证的发行、上市、交易、信息披露制度等作出了具体安排。6月15日，上海、深圳两大证券交易所分别发布试点创新企业股票或存托凭证上市交易实施办法等相关配套业务规则，修订现有相关配套制度，规范试点创新企业股票

或存托凭证的上市交易行为。这一系列制度规则的发布实施，既为创新企业在境内发行股票或存托凭证做好了制度安排，也有助于完善资本市场结构，健全资本市场机制，发挥资本市场投融资功能，进一步推动资本市场改革开放和稳定发展。

（三）设立科创板并试点注册制，加快多层次资本市场建设

11月5日，国家主席习近平在首届中国国际进口博览会上发表主旨演讲，宣布“在上海证券交易所设立科创板并试点注册制，支持上海国际金融中心和科技创新中心建设，不断完善资本市场基础制度”。科创板旨在补齐资本市场服务科技创新的短板，是资本市场的增量改革，将在盈利状况、股权结构等方面作出更为妥善的差异化安排，增强对创新企业的包容性和适应性，并在发行上市、交易、监管和退市等环节推出一系列配套创新。同时，注册制试点的推进将强化中介机构责任，有助于建立起以注册制为核心、以机构合格投资者为基础、以科创企业为上市主体、投行等中介机构归位尽责、监管更加有效、充满活力的新市场，加快多层次资本市场建设步伐。

（四）规范上市公司停复牌制度，完善退市及股票回购制度

1. 完善上市公司股票停复牌制度

证监会发布《关于完善上市公司股票停复牌制度的指导意见》，确立了上市公司股票停复牌的基本原则，明确了证券交易所的强制复牌职责。同时，沪深证券交易所分别发布停复牌业务指引，规范了上市公司的停复牌行为，解决了长期停牌、随意停牌、任意停牌的问题，建立起股票停牌时间与成分股指数剔除挂钩机制和停牌信息公示制度。

2. 启动了新一轮上市公司退市制度改革

证监会修订了《关于改革完善并严格实施上市公司退市制度的若干意见》，指导沪深交易所发布《上市公司重大违法强制退市实施办法》，加大对退市行为的监管力度，进一步促进了“有进有出、优胜劣汰”的市场生态环境的逐步形成。

3. 专项修改公司股份回购相关规定

全国人大常委会通过《关于修改〈中华人民共和国公司法〉的决定》，对《公司法》第一百四十二条有关公司股份回购的规定进行了专项修改，修改后的《公司法》适当补充完善了允许股份回购的情形，简化了股份回购的决策程序，允许公司选择适当时机回购本公司股份。回购制度的重大改革进一步提升了上市公司调整股权结构和管理风险的能力，提高了上市公司的整体质量和投资价值，推动公司治理体系建设与治理能力现代化。

（五）强化市场监管制度，金融科技提升监管效率

1. 强化上市发行监管要求

2018年证监会强化了上市发行监管制度要求，提高上市公司业绩标准及可持续性考核，加强了上市公司经营监管和交易监管要求。全年IPO通过率为55.8%，低于2017年IPO通过率76.3%及2016年的89.8%。

2. 打击违法违规市场行为

证监会全年作出行政处罚决定310件，同比增长38.4%，罚没款金额106.4亿元，同比增长42.3%，市场禁入50人，同比增长13.6%，有力维护了资本市场运行秩序。两大

证券交易所分别修订发布相关监管措施，加强了交易一线监管，强化异常交易实时监控和重点监控账户的管理工作，打击违法违规市场交易行为。

3. 加强金融科技监管手段

沪深两大证券交易所积极落实证监会监管科技总体建设方案，全方位提升科技监管、智能监管水平，稳步推动完成新监察系统一期建设和大数据平台建设工作，加强线索发现、线索分析和数据协查功能，不断提升在投资者画像、市场波动分析、舆情分析、网络黑嘴监控和数据管理等方面的技术水平，提高违法违规线索发现效率，综合运用多项金融科技工具，不断提升市场监管能力。

（六）完善风险管理工具，优化市场风险防范机制

1. 推动构建风险防控预警指标体系

2018年，上海证券交易所通过建立灵活易用的风险分析系统原型和风险防控逆周期调节工具箱，进一步完善了市场风险管理体系。深圳证券交易所自主研发的智能监管辅助系统"企业画像"正式上线运行，实现信息披露、舆情信息、举报信息的交叉可比性分析，快速反馈关联关系、质押预警、财务异常等一系列风险点，实现风险提前防范和化解。

2. 构建交易监管、监测全景图

2018年上海证券交易所形成了主动买卖、交易净额、委托订单簿三位一体的投资者交易行为分析模式，通过构建行情回放系统，实现市场、股票、投资者的闭环分析，对市场运行态势讲得清、说得准、摸得透。深圳证券交易所发布《关于加强监控账户管理工作的通知》，推进"以监管会员为中心"的交易行为监管模式，细化会员管理规则，引导会员加强重点账户的监控管理。

3. 加强股票质押风险防范

为进一步聚焦股票质押式回购交易业务服务实体经济的定位，2019年1月18日，沪深证券交易所会同中国结算公司修订了《股票质押式回购交易及登记结算业务办法》，同时启动全面排摸、动态跟踪上市公司股票质押风险工作，强化了股票质押业务风险监测防控，切实防范股票质押风险。

四、股票市场对外开放

（一）完善内地与香港股票市场互联互通机制

1. 扩大沪深股通每日交易额度

自5月1日起，沪股通及深股通每日额度从130亿元调整为520亿元人民币，港股通每日额度从105亿元调整为420亿元人民币，每日额度扩大4倍，进一步完善了互联互通机制，有助于境外长期机构投资者参与A股市场。

2. 建立并实施北向看穿机制

自9月26日起，沪股通、深股通北向看穿机制（投资者识别码制度）正式实施，沪股通、深股通交易"看穿式"监管强化了外资异常交易监控，提高了内地与香港两地的跨境市场监察工作效率，进一步完善了两地股票市场互联互通机制，稳步扩大了资本市场双向开放，维护了市场安全平稳运行。

（二）"沪伦通"工作有序进行

在中国证监会的统一部署下，上海证券交易所与伦敦证券交易所研究探索两地符

合条件的上市公司以存托凭证的方式到对方市场挂牌上市，实现两地市场的互联互通（“沪伦通”）。2018年6月，中国证监会发布《存托凭证发行与交易管理办法（试行）》，明确存托凭证的法律适用和基本监管原则。10月，中国证监会发布“沪伦通”业务监管规定，规范“沪伦通”存托凭证业务的发行上市、交易、信息披露、跨境转换等行为。11月，上海证券交易所发布“沪伦通”存托凭证业务相关配套业务规则。至此，“沪伦通”存托凭证业务规则体系基本形成。

（三）A股正式纳入MSCI市场新兴指数

自2018年6月1日起，中国A股正式纳入MSCI新兴市场指数和全球基准指数，初期纳入因子按5%计算。2018年9月26日，MSCI宣布拟进一步提高A股纳入MSCI指数的权重，2019年3月1日，MSCI宣布其全球基准指数中国A股的纳入因子将分三阶段提高至20%，同时宣布将在2019年11月把中国A股中盘股纳入MSCI指数。随着中国资本市场进一步扩大开放，境外资金及机构投资者将更积极地进入A股市场，有助于改善投资者结构，增强资本市场服务实体经济的能力，推动中国资本市场的国际化建设和长期健康发展。

（四）服务“一带一路”建设取得显著成效

1. 继续深化与“一带一路”沿线资本市场交流合作

由上海证券交易所作为战略合作伙伴参股的哈萨克斯坦阿斯塔纳国际交易所正式开业，深沪交易所联合体成功收购孟加拉国达卡证券交易所25%的股权，有序推进与达卡证券交易所在交易技术、市场培育、产品开发等重点领域的务实合作。

2. 不断丰富“一带一路”金融产品和完善业务规则

上海、深圳两大证券交易所分别发布“一带一路”债券试点规则。青岛海尔股份有限公司在中欧国际交易所成功发行D股并上市交易。上海证券交易所参与的中英绿化“一带一路”工作组《“一带一路”绿色投资原则》在伦敦正式发布。

3. 投融资平台建设取得积极进展

上海交易所国际交流合作中心完成登记设立，将为“一带一路”沿线交易所和资本市场合作提供服务平台。深交所依托创新创业跨境投融资服务平台（V-Next），以促进跨境资本形成为目标，以信息披露和展示为手段，以线上线下投融资对接平台为载体，探索形成支持创业创新的跨境投融资生态圈。截至2018年年底，V-Next已为“一带一路”沿线9个国家的超过90家境外企业项目提供了路演展示和信息对接服务。

五、股票市场发展展望

2019年，股票市场将紧扣金融供给侧结构性改革的部署要求，围绕提高上市公司质量、强化中介机构责任和能力、进一步完善交易制度、加强交易全程监管、为中长期资金入市创造条件等重点领域，持续推进各项基础制度改革与建设；将进一步提升资本市场服务实体经济能力，坚持金融服务实体经济的根本发展方向，推进直接融资结构完善，更好地服务于实体经济的高质量发展；将继续做好股票质押、私募基金、场外配资、相关资管业务等重点领域风险防范和处置，增强忧患意识，加强市场风险监测机制建设，保障股票市场平稳健康运行；将继续大力推进资本市场对外开放，研究探索形式更丰富、范围更广泛的跨境市场互联互通机制，推动深化与“一带一路”沿线国家资本市场全方位合作等。

专题五 积极筹建科创板，服务新经济发展

一、背景与意义

2018年11月5日，国家主席习近平在首届中国国际进口博览会上发表主旨演讲，宣布“在上海证券交易所设立科创板并试点注册制，支持上海国际金融中心和科技创新中心建设，不断完善资本市场基础制度”。这对于进一步落实创新驱动发展战略，增强资本市场对提高我国关键核心技术创新能力的服务水平，促进高新技术产业和战略性新兴产业发展，支持上海国际金融中心和科技创新中心建设，完善资本市场基础制度，推动高质量发展，具有重要意义。设立科创板并试点注册制是着眼于加快形成融资功能完备、基础制度扎实、市场监管有效、投资者合法权益得到有效保护的多层次资本市场体系的系统工程。从设立上交所科创板入手，稳步试点注册制，统筹推进发行、上市、信息披露、交易、退市等基础制度改革，发挥资本市场对提升科技创新能力和实体经济竞争力的支持功能，更好地服务高质量发展。

二、实施的原则

一是坚持市场导向，强化市场约束。尊重市场规律，明确和稳定市场预期，建立以市场机制为主导的新股发行制度安排。二是坚持法治导向，依法治市。健全资本市场法律体系，强化依法全面从严监管，保护投资者合法权益，进一步明确市场参与各方权利义务，逐步形成市场参与各方依法履职尽责及维护自身合法权益的市场环境。三是强化信息披露监管，归位尽责。建立和完善以信息披露为中心的股票发行上市制度，强化发行人对信息披露的诚信义务和法律责任，充分发挥中介机构核查把关作用，引导投资者提高风险识别能力和理性投资意识。四是坚持统筹协调，守住底线。发挥好相关政府部门和有关方面的协同配合作用，形成共促市场稳定健康发展的合力，及时防范和化解市场风险。

三、改革与创新

在板块定位方面，坚持面向世界科技前沿、面向经济主战场、面向国家重大需求，主要服务于符合国家战略、突破关键核心技术、市场认可度高的科技创新企业；重点支持新一代信息技术、高端装备、新材料、新能源、节能环保以及生物医药等高新技术产业和战略性新兴产业，推动互联网、大数据、云计算、人工智能和制造业深度融合，引领中高端消费，推动质量变革、效率变革、动力变革。

在上市标准方面，更加注重企业科技创新能力，允许符合科创板定位、尚未盈利或存在累计未弥补亏损的企业在科创板上市，综合考虑预计市值、收入、净利润、研发投入、现金流等因素，设置多元包容的上市条件，同时允许特殊股权结构企业和红筹企业上市。

在上市注册审核方面，稳步实施注册制试点，由上交所负责科创板发行审核，受理企业公开发行股票并上市的申请，审核并判断企业是否符合发行条件、上市条

件和信息披露要求；证监会负责科创板股票发行注册，履行注册程序，并对上交所审核工作进行监督，强化事前事中事后全过程监管。

在完善基础制度方面，一是构建科创板股票市场化发行承销机制，新股发行价格、规模、节奏主要通过市场化方式决定，对新股发行定价不设限制，试行保荐人相关子公司“跟投”制度，支持科创板上市公司引入战略投资者，发挥好超额配售选择权制度作用，促进股价稳定；二是加强信息披露监管，明确发行人是信息披露第一责任人，充分披露投资者作出价值判断和投资决策所必需的信息，切实树立以信息披露为中心的监管理念，全面建立严格的信息披露体系，根据科创企业自身特点，强化对业绩波动、行业风险、公司治理等相关事项的针对性信息披露；三是完善交易制度，科创板采取独立交易模块和独立行情显示，基于上市公司特点和投资者适当性要求，建立更加市场化的交易机制；四是建立高效的并购重组机制，根据科创板上市公司特点制定相关并购重组审核标准及规则体系；五是严格实施退市制度，严格交易类强制退市指标，优化财务类强制退市指标，严格实施重大违法强制退市制度。

在配套改革方面，加强科创板上市公司持续监管，强化监管问询，加大现场检查力度，提高上市公司信息披露质量；强化中介机构责任，建立保荐人资格与新股发行信息披露质量挂钩机制，适当延长保荐人持续督导期，充分发挥中介机构诚实守信、勤勉尽责作用；保护投资者的合法权益，严厉打击欺诈发行、虚假陈述等违法行为，探索建立发行人和投资者之间的纠纷化解和赔偿救济机制；推动完善有关法律法规，建立健全证券支持诉讼示范判决机制，探索完善与注册制相适应的证券民事诉讼法律制度。

专题六 全面客观认识股票质押风险

股票质押回购自2013年启动以来，在服务实体经济，缓解中小企业特别是民营中小企业融资难、融资贵等方面发挥了积极作用。受宏观环境、市场波动等多种因素影响，2018年股票质押风险有所暴露。

一、股票质押风险总体可控

股票质押回购在2013—2015年规模增长平稳，2016年起增速加快，2018年年初达到峰值，其后加速下降，年末距最高点降幅超过26.9%。伴随着规模的起落，风险有所累积并表现出如下特点：

一是股票质押违约风险集中在制造业、中小市值的少数公司。截至2018年年末，在沪深300指数、上证180指数和深证100指数中，控股股东持股质押比例超过80%的公司数量分别为26家、4家和12家，相应占比分别为8.7%、2.2%和12%，较低的占比说明股票质押风险未蔓延到市值高、流动性好、代表性强的成分指数公司，上市公司整体受到的影响有限。

二是股价波动导致低于履约保障比例的质押市值高，但实际申报违约的质押市值低。截至2018年年末，两市低于合约规定履约保障比例的质押市值为2 990亿元，占质押总市值的14.9%。全年出资方申报的涉及控股股东及其一致行动人的违约合约仅有179笔，合计违约金额482亿元，其中，涉及控股股东持股质押比例超过80%的合约有162笔，合计违约金额429亿元。

三是二级市场卖出处置的金额少，违约处置对市场的直接影响有限。2018年以来，两市通过二级市场卖出处置合计金额114亿元，日均卖出0.5亿元，约占两市股票日均成交额的万分之一。较低的成交额占比说明二级市场卖出处置不会对市场价格产生显著影响，从监控情况看，也未发现因二级市场处置导致股票价格异动情况，尚未发生上市公司控制权因此变更的实例。

二、市场波动和交易双方风控等因素是股票质押风险形成的主要原因

一是股票价格大幅波动导致违约增加。2018年两市主要指数波动加大，部分股票价格下跌幅度较大，其中，14.2%的股票跌幅超过50%，58.9%的股票跌幅超过30%，导致相当数量的股票质押回购合约跌破约定的履约保障比例，股东补充担保不及时或未及时购回产生违约。

二是部分股东持股质押比例高，股票价格大幅波动时缺乏追加担保能力。2018年以来申报违约处置所涉及的82家公司中，82.9%的公司为民营企业，其中控股股东持股质押比例超过80%的公司有70家，占比85.4%。部分民营上市公司的控股股东缺乏其他融资途径，不得不将持股高比例质押实现融资。对于这些股东，股价下跌时可能缺乏足够的补充质押或筹措资金还款的能力，容易发生股票质押违约。

三是部分出资方在质押股票流动性发生变化时，未及时加强风控。2017年5月减持新规实施后，出资方在违约时卖出质押股票实现质权的能力受到了限制，股票质押回购原有的风险防控手段被削弱。新规实施后平均质押率较实施前仅下降3个百分点，不足以覆盖流动性下降带来的风险。

三、全面客观认识股票质押风险

以上分析表明，受市场波动等多方面因素影响，股票质押风险逐步累积暴露，但分布相对集中，市场影响总体可控。

一是民营上市公司股东是股票质押回购融资的主体，其质押市值占质押总市值的比例达到82.4%，超过8成的融入资金用于生产经营、补充流动资金等实体经济用途。股票质押回购融资平均利率为6.5%，在民营企业可选择的融资途径中成本相对不高。股票质押回购对于服务实体经济，特别是对于缓解民营上市公司股东融资困难发挥了重要作用。

二是股票质押风险是股东信用风险而非上市公司经营风险。控股股东持股质押比例超过80%的上市公司中，2018年前三季度净利润为正的占比为81.2%，净利润同比增长的占比为52.6%，绝大部分股东质押风险并未传导至上市公司经营。

四、完善股票质押回购机制，为纾困创造良好市场环境

2018年下半年以来，为进一步做好防范化解风险和维护股票市场稳健运行，市场各方积极运用市场化、法治化手段和工具化解股票质押风险，取得了积极成效。11月15日，胜利精密制造科技股份有限公司控股股东高玉根与苏州资产管理有限公司、苏州高新区管委会委托的苏州高新资产管理有限公司、东吴证券股份有限公司协商一致并签署《支持民营发展基金框架协议》，积极支持控股股东降低质押率，有效缓解上市公司流动性压力。12月3日，东吴创业投资有限公司（以下简称东吴创投）代表“证券行业支持民企发展系列之东吴证券1号私募股权投资基金（契约型）”与高玉根签署了《股份转让协议》及补充协议，高玉根先生拟将其所持有的公司173 000 000股无限售流通股（占公司总股本的5.027%）通过协议转让的方式转让给东吴创投。该协议的转让降低了股票质押比例，减少了股票质押率过高给上市公司带来的流动性压力。另外，证监会还组织了证券公司以及私募基金、公募基金等参与化解股权质押风险；银保监会推动险资成立专项账户参与处置股权质押风险，允许参与化解险资不纳入权益投资的比例，扩大险资参与的资金量等；深圳、北京、广州、浙江等地成立数百亿元的资金，支持当地上市公司发展。包括国资、银行、券商、保险公司、基金公司等在内的市场主体集体行动起来，形成各方合力，积极化解股权质押风险。

2019年1月18日，深圳证券交易所、上海证券交易所分别发布了《关于股票质押式回购交易相关事项的通知》（以下简称《通知》），优化完善股票质押回购机制。《通知》一是优化违约合约展期安排，明确融入方违约且确需延期以纾解融入方信用风险时，若累计回购期限已满或将满3年，经交易双方协商一致，延期后累计的回购期限可以超过3年，以存量延期方式缓解融入方还款压力。二是对用于纾解质押风险的新增股票质押回购作出特别安排，对于新增股票质押回购融入资金全部用于偿还违约合约债务的，可不适用现行业务办法中关于单一融出方及市场整体质押比例上限、资管计划不得作为融出方参与涉及业绩承诺股票质押回购限制及质押率上限等条款，以放宽新增融资条件的方式缓解融入方流动性压力。同时，《通知》要求会员应当审慎评估融入方的信用风险和履约能力，持续做好股票质押回购的风险管理。《通知》的发布为纾解股票质押困境创造了良好市场环境，支持相关各方纾困措施顺利落地，帮助民营企业解决融资难问题。

第五章　外汇市场

2018年，我国外汇市场成交量继续保持稳步增长，会员数量稳步增加，产品结构不断完善。人民币对一篮子货币汇率和对美元汇率均有所贬值。人民币兑美元汇率的影响因素更加多元，逆周期调节政策发挥了稳定外汇市场预期的作用。新一代外汇交易平台上线，产品创新、交易机制不断完善，市场双向开放继续加强。

一、外汇市场运行情况

（一）成交量继续增长，会员数量稳步增加

2018年，银行间外汇市场继续保持稳步增长，全年累计成交34.0万亿美元，同比增长25.8%，日均成交量近1 400亿美元。其中，人民币外汇市场成交24.85万亿美元，同比增长22.2%，占银行间外汇市场总成交量的73.1%；外币对市场成交0.19万亿美元，占比为0.5%，比2017年上升了0.1个百分点；外币利率市场成交8.93万亿美元，占比为26.3%，比2017年上升了2.1个百分点。

人民币外汇市场上，外汇即期全年成交7.63万亿美元，占人民币外汇交易量的30.7%，这一比重较2017年下降了0.7个百分点，日均交易量314.12亿美元。衍生品市场占人民币外汇交易量的69.3%，日均交易量708.32亿美元。

从市场参与主体看，会员数量稳步增加。截至2018年年底，人民币外汇市场会员678家，全年新增33家，其中境外央行类机构、境外清算行和境外参加行等境外会员机构共新增13家，外币对会员187家，外币拆借会员526家，较2017年年底分别增加12家和57家。

（二）人民币汇率指数小幅走贬

2018年，美元指数震荡走升，全年上涨3.1%，受此影响，部分新兴市场货币大幅贬值，2018年全年阿根廷比索兑美元贬值98.2%、土耳其里拉兑美元贬值97.4%。

2018年，人民币对一篮子货币汇率较上年有所贬值。2018年12月末，CFETS人民币汇率指数、参考BIS货币篮子和 SDR 货币篮子的人民币汇率指数分别为93.28、96.78和93.14，较上年年末分别贬值1.7%、0.9%和3.0%。

人民币兑美元汇率中间价贬值。2018年年末，人民币兑美元汇率中间价为6.8632，较上年年末贬值4.8%；境内银行间外汇市场即期交易价格与香港离岸人民币即期交易价格分别收于6.8658和6.8819，较上年年末分别贬值5.2%和5.4%。

数据来源：中国外汇交易中心。

图5-1　人民币汇率指数历史趋势

人民币对其他主要货币有升有贬。2018年年末，人民币兑欧元、日元、英镑、澳元、加元汇率中间价分别为7.8473元/欧元、6.1887元/100日元、8.6762元/英镑、4.825元/澳元、5.0381元/加元，分别较年初贬值0.4%、贬值6.7%、升值1.8%、升值5.3%和升值2.9%。

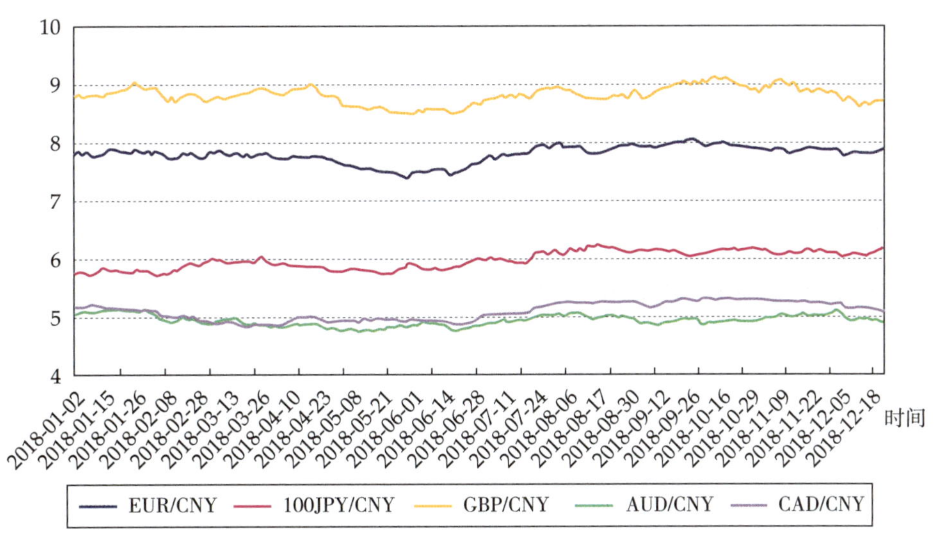

数据来源：中国外汇交易中心。

图5-2　2018年人民币对各主要币种汇率中间价

根据国际清算银行（BIS）的数据，2018年人民币实际有效汇率累计上涨0.9%，收于122.73；名义有效汇率累计上涨1.2%，收于119.19。

二、外汇市场运行的主要特点

（一）外币业务活跃度上升

2018年，银行间市场外币对业务交易量同比增长超过五成。年内推出询价点击成交（ESP）功能，支持全部外币对货币对的即期交易；增加即期交易精度；新增新西兰元对美元、欧元对英镑的即期、远期和掉期交易。2018年，外币对即期共成交6 724.7亿元，同比增长26.4%；外币对掉期共成交5 125.8亿元，同比增长135%；外币对货币掉期共成交0.54亿元。

2018年，银行间外币拆借市场延续了2017年以来的快速发展态势，全年交易量大幅增长，同比增长34.3%。5月2日，交易中心推出美元、欧元、英镑、日元、港元、澳元六个币种的利率互换交易。7月23日，推出以境外外币债为抵押品的外币回购业务。交易品种的进一步丰富提高了市场流动性。

（二）人民币兑美元汇率中间价先升后贬

2018年人民币兑美元汇率经历了从升值到贬值的转换。年初美元指数下行，境内客盘结汇推动人民币兑美元即期交易汇率快速升值，延续了2017年下半年以来的走强趋势，并在2月7日触及6.2596的阶段性高位。随后，受美国经济表现强势、我国第一季度经常项目出现逆差、中美贸易摩擦升温等因素影响，人民币由强转弱，并在10月31日到达6.9734的年内低位，也创下2015年汇改以来的新低。2018年，人民币兑美元交易汇率收于6.8658，较上年贬值5.2%；人民币兑美元汇率中间价收于6.8632，较上年贬值4.8%。

CFETS人民币汇率指数也呈现先升后降的走势，但其拐点滞后于美元对人民币汇率变动。2017年12月29日至2018年6月15日，CFETS人民币汇率指数由94.85升值至97.85；2018年6月15日至2018年7月31日，CFETS人民币汇率指数迅速贬至92.41；随后，CFETS人民币汇率指数在92~93附近盘整，年末收于93.28，较上年贬值1.7%。

2018年，美元指数仍旧是影响人民币汇率走势的主要因素。美元指数从2018年年初的91.8下滑至2月中旬的阶段性低点88.6，走弱3.4%，同期人民币从低点的6.4967回升至6.30左右，升值幅度为3.1%；2018年3月底美元指数开始走强，从低点的88.6回升到11月12日阶段性高点97.69，回升10.3%；同期人民币汇率由高点的6.27贬至低点的6.90，贬值9.1%。美元的强弱不仅通过参考篮子货币汇率的角度对人民币汇率产生影响，而且通过影响国际资本流动的方向和规模，改变外汇市场供求而对人民币汇率产生影响。

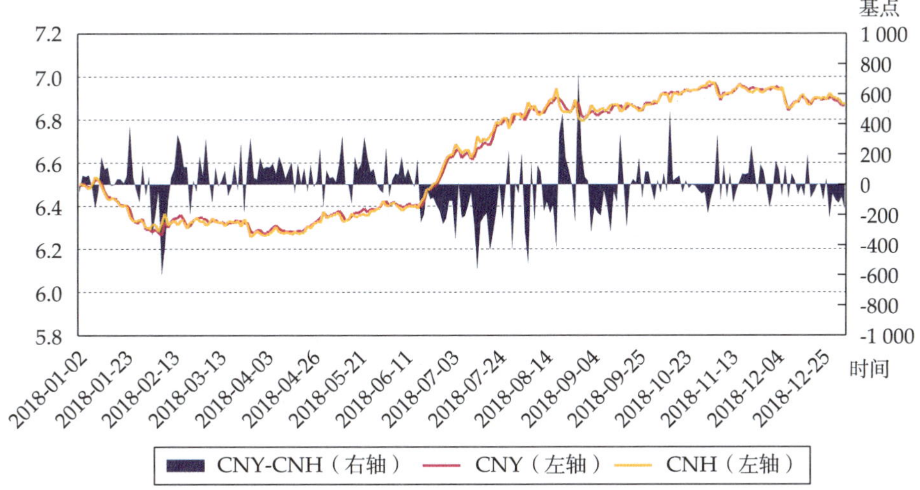

数据来源：中国外汇交易中心。

图5–3　2018年境内外人民币汇率及价差

（三）人民币兑美元汇率影响因素更加多元

2018年，影响银行间外汇市场供求形势的因素更加多元化。一是中美贸易摩擦的影响。美国是中国的最大贸易顺差来源国，而货物贸易顺差又是中国国际收支平衡与外汇市场供应的重要支持因素，因而对中美贸易摩擦的担忧自然加剧投资者对于未来外汇供求状况改变和人民币汇率走弱的恐慌情绪。2018年6月中旬美国正式宣布对500亿美元中国商品加征关税后，人民币出现快速贬值，人民币兑美元汇率由6月14日的6.3962走弱到7月13日的6.6905，贬值4.4%。二是人民币国际化与债券市场积极扩大对外开放等制度性因素影响。2018年，境外投资机构配置国内资产的热情进一步提高，第一季度证券投资项下资本净流入规模为103亿美元，第二季度则进一步提高至610亿美元，其中债券投资项下资本净流入合计占证券投资项下资本净流入的73.9%。

（四）境内外市场汇率预期稳定

2018年，尽管人民币兑美元汇率一度走弱至6.9以上，但境内客盘并没有出现大规模恐慌性购汇，经济主体的汇率预期相对稳定，与2016年人民币快速贬值时的情况反差明显。2018年年底，CNY、CNH一年期远期以及一年期NDF隐含升（贬）值率分别为升值0.3%、贬值0.3%和贬值0.4%。2016年年底，上述隐含升（贬）值率分别为贬值0.9%、贬值5.2%和贬值5.2%。

本轮人民币汇率贬值幅度更大，但境内外市场预期更为稳定，一方面是由于对外开放力度加大，境外机构配置人民币资产的兴趣不断增加，同时离岸人民币投资产品和人民币流动性管理也在不断丰富；另一方面是由于宏观审慎管理措施的完善，如人民银行将远期售汇的外汇风险准备金率由0调整为20%，外汇市场自律机制秘书处发布新闻稿重启“逆周期因子”等措施出台，一定程度上抑制了投机性购汇需求。

三、外汇市场制度建设

（一）上线新一代外汇交易平台，完善平台功能

2018年2月5日，新一代外汇交易平台CFETS FX2017（二期）上线，支持外汇即期（竞价和询价）、远期、掉期、货币掉期业务和黄金询价业务，标准化人民币外汇衍生品交易模块（C-Trade）继续运行，整合入新平台统一终端，实现单点统一登录。

新平台在做市商询价意向性报价的基础上支持分组带量报价，推动做市商实现更精细、更灵活的做市策略，同时提供更有效的权限维护、额度管理和风险防范功能，推动市场参与者全面升级。新平台交易性能由原来的每秒处理几十笔报价和十多笔成交提升为每秒处理八千多笔报价和一千多笔成交，更加顺应未来外汇市场流动性不断增强的发展趋势。新平台全面投产是中国外汇市场金融基础设施的重大升级，不仅技术性能大幅提升，而且将国际经验与中国实践结合，有力推动了市场机制创新和功能完善，引领我国银行间外汇市场基础设施步入新时代。

（二）丰富交易产品序列，构建境内美元利率基准体系

2018年，外币相关产品发展迅速，推动境内美元利率基准体系建设。一方面，银行间外汇市场先后推出若干外币利率产品，进一步丰富外币利率和汇率风险管理工具。2月5日，推出外币对货币掉期交易，包括澳元兑美元、欧元兑美元、英镑兑美元、美元兑港元和美元兑日元五个货币对。5月2日，推出外币利率互换交易，涵盖美元、欧元、英镑、日元、港元和澳元六个币种。7月23日，推出以境外外币债为抵押品的外币拆借业务，进一步满足境内机构外币资产负债管理需求。另一方面，依托银行间外币利率产品体系，推动构建境内美元利率基准。中国外汇交易中心与上海国际货币经纪公司合作发布银行间美元拆借资金面情绪指数，直观反映美元拆借市场资金面情况，并根据外币拆借报价行的报价数据计算并发布境内美元同业拆放参考利率，为金融机构提供交易和定价参考。9月3日，银行间外汇市场推出外币拆借报价行业务，确定20家银行为首批报价行，报价品种包括O/N、1周、2周、1个月、3个月、6个月、9个月及1年共八个标准期限，中国外汇交易中心根据相应规则计算后发布境内美元同业拆放参考利率，为金融机构提供交易和定价参考。

外币对业务方面，新推出询价点击成交（ESP）功能，支持全部外币对货币对的即期交易；增加即期交易精度；新增新西兰元对美元、欧元对英镑的即期、远期和掉期交易等；明确外币对即期产品业务范围并推进业务统一。

（三）完善交易机制，优化交易辅助产品服务

2018年，银行间外汇市场进一步完善交易机制和业务功能，推出基于双边授信的撮合交易（CLOB）以及询价点击成交（ESP）功能，提供“所见即所得”的交易机制，大幅提高了交易效率，促进了外汇市场价格发现机制的完善。撮合交易机制不断完善，2018年撮合交易占即期交易总额的比重已达55.9%。

2018年，银行间外汇市场积极推出各

类交易辅助产品服务，便利市场主体完成交易，与核心系统和产品相辅相成，满足投资者的各类交易相关需求。

一是推出外汇即时通信工具，支持与外币拆借、期权、货币掉期等外汇衍生品的协商交易功能及内外网互联互通。其定位在于，弥补电子交易平台上协商交易功能的空白，满足用户对于复杂衍生品或非标产品的客制化交易需求。同时，即时通信工具支持聊天记录留痕存档、查看及下载，便于合规回溯管理。

二是完善信息服务产品。优化iTrader相关功能，更新行情展示内容和方式，方便用户及时获取各类银行间外汇市场行情；完善CMDS数据内容、产品结构和收费方案，提升市场信息服务价值；研究和落实开发高速行情（Ultra）服务，满足会员对行情数据的多层次需求。

（四）加强市场双向开放，积极开展国际合作

2018年6月，中国人民银行发布了《关于完善人民币购售业务管理有关问题的通知》，扩大了人民币购售范围：一是从经常项目下的货物贸易、服务贸易扩展至全部经常项目；二是在直接投资的基础上，进一步扩大至经批准的跨境证券投资。

根据人民币购售业务的政策变化，银行间外汇市场完善并发布了关于境外参加行和境外清算行准入及相关安排的公告，并制定了人民币购售业务信息报送指引。新增6家境外央行类机构、1家境外清算行和6家人民币购售业务境外参加行进入人民币外汇市场，新增7家境外机构进入外币拆借市场，并研究引入首批上海自贸区分账核算单元（FT账户）参与银行间外币拆借市场。截至2018年年末，参与境内银行间外汇市场的境外机构总数达94家，同比增长16.1%。其中境外清算行21家，境外参加行34家，境外央行类机构39家，较上年同期分别增加1家、6家和6家。

四、外汇市场发展展望

2019年，外汇市场将继续加大市场双向开放力度，深化国际合作，加强与境外交易平台的业务合作。继续推动外汇市场产品和交易机制创新发展。继续加强外汇市场基础设施建设，进一步完善交易系统功能，打造与国际市场接轨的先进交易平台。优化系统设置功能，提升系统友好性和易用性，以满足会员个性化需求。还将加强外汇市场风险监测与防范，进一步完善跨市场、跨品种联动监测分析，强化市场异常交易行为监测，及时发现异常情况，预警风险。加强市场监测与自律机制的联动配合，完善市场管理框架，防范化解市场风险隐患。

专题七 发展"一带一路"货币交易业务

自2010年开展人民币对马来西亚林吉特、俄罗斯卢布交易以来，"一带一路"货币交易业务得到快速发展。目前，银行间人民币外汇市场上共有24个交易货币对，其中多数为"一带一路"沿线国家和地区货币。

2018年，银行间外汇市场积极配合国家"一带一路"倡议，促进银行间外汇市场区域交易发展，落实"一带一路"货币业务优化举措。发布《关于境外银行参与银行间外汇市场区域交易有关事项的公告》，拟引入符合条件的境外银行参与银行间外汇市场区域交易，并对参与机构资格条件和申请流程作了相关规定。

在中国外汇交易中心与人民银行乌鲁木齐中心支行的积极合作推动下，经中国人民银行备案同意，自2018年9月3日起，中国工商银行（阿拉木图）股份公司和工银标准公司公众有限公司成为首批参加银行间外汇市场区域交易的境外银行，担任人民币对哈萨克斯坦坚戈区域交易境外报价行和参与行，这将为市场注入新的活力，活跃银行间外汇市场区域交易，发挥更多积极作用。目前，银行间外汇市场区域交易包括人民币对哈萨克斯坦坚戈、人民币对蒙古图格里克、人民币对柬埔寨瑞尔交易等。

2018年，为促进中国与泰国之间的双边贸易和投资，便利人民币和泰铢在贸易投资结算中的使用，满足经济主体降低汇兑成本的需要，经中国人民银行授权，自2018年2月5日起，银行间外汇市场完善人民币对泰铢交易方式，从人民币对泰铢区域交易发展为人民币对泰铢直接交易。人民币对泰铢直接交易暂不收取交易手续费，暂免期至2020年7月31日。

2018年，中国人民银行乌鲁木齐中心支行与中国外汇交易中心共同合作建设的全国首个"中国（新疆）——丝路货币区域交易信息平台"正式上线运行。丝路货币区域交易信息平台综合展示了与新疆毗邻国家货币的银行间市场与柜台市场行情，以及当地柜台市场挂牌的人民币对塔吉克斯坦索莫尼和巴基斯坦卢比等货币的柜台报价信息。交易信息平台上线后，有利于提高区域货币交易信息的公开化、透明化，进一步完善外汇市场信息共享机制，便利境内外金融机构和企业全面了解区域货币交易信息，提升双边本币结算效率，促进我国与哈萨克斯坦等周边国家贸易投资结算便利化，也为新疆周边国家货币合作起到示范作用。

第六章　黄金市场

2018年，国内金价窄幅波动，现货金价上涨4.25%。各类黄金产品交易量有增有减。上海黄金交易所黄金交易量保持增长，上海期货交易所黄金期货交易量连续两年下降，降幅减缓。商业银行柜台黄金业务总量保持增长，其中账户金业务、黄金理财、美元报价的黄金衍生品业务增长较快，黄金租借、黄金积存业务有所下降。我国黄金市场对外开放稳步推进，市场化创新纵深推进，基础设施建设和制度规范进一步完善。

一、黄金市场运行情况

（一）上海黄金交易所黄金交易

1. 现货金价小幅上涨，交易规模继续扩大

2018年，国内金价窄幅波动。年初，上海黄金交易所Au99.99合约开盘价274.00元/克，年中最高价284.90元/克，最低价260.75元/克，年末收盘价284.60元/克，比2017年年末上涨4.25%。全年加权平均价271.42元/克，同比下降1.48%。

2018年，上海黄金交易所总交易额213 175.39亿元，同比增长9.20%。其中，黄金成交量67 510.25吨，同比增长24.35%；成交额183 046.44亿元，同比增长22.23%，实现连续6年增长。

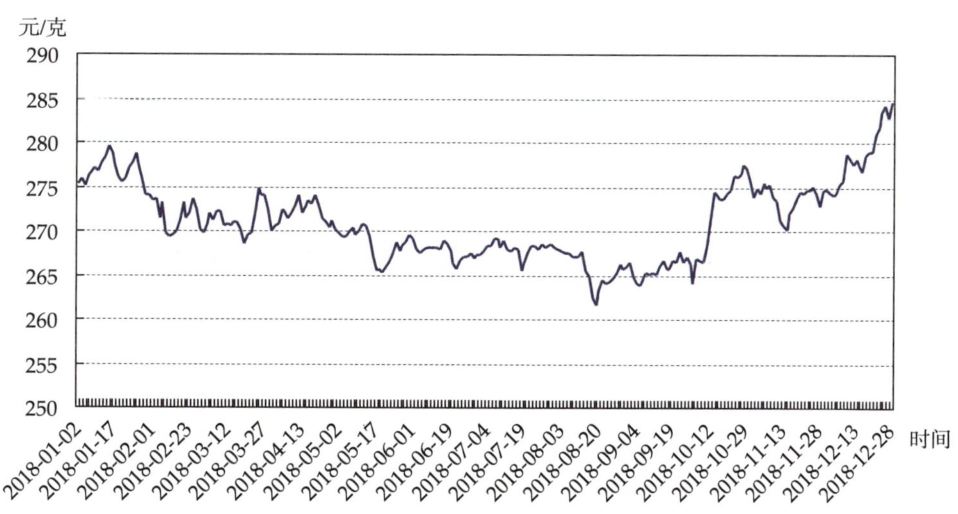

数据来源：上海黄金交易所。

图6-1　2018年上海黄金交易所Au99.99合约价格走势

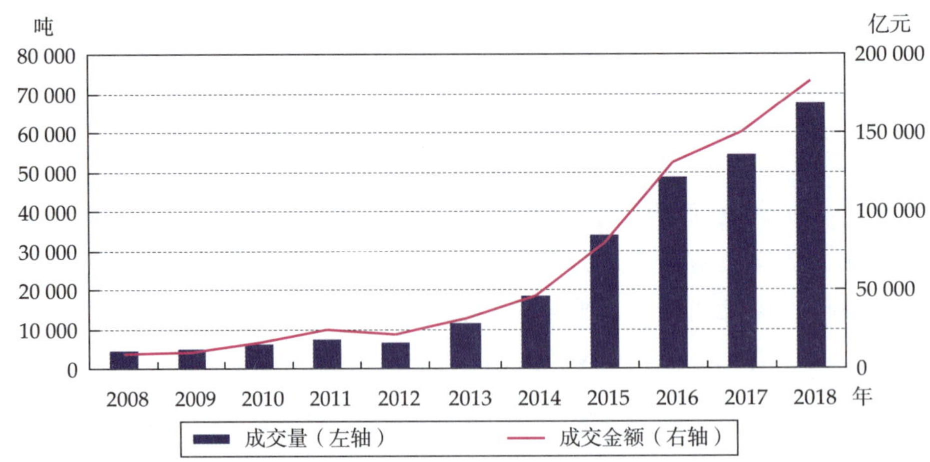

注：按双边计算。

数据来源：上海黄金交易所。

图6-2 2008—2018年上海黄金交易所成交情况

2. 黄金竞价交易量下降，询价交易快速发展，定价交易稳步增长

黄金延期交易量下降，现货交易量稳中有升。2018年，黄金竞价交易量20 389.77吨，同比下降32.39%。其中，延期交易13 650.41吨，同比下降41.39%，现货交易6 739.36吨，同比增长1.36%。

询价市场快速发展，交易规模几近翻倍。2018年，黄金询价成交45 645.77吨，同比增长99.57%。其中，中国外汇交易中心平台的银行间询价业务成交30 996.90吨，上海黄金交易所平台的主板询价成交9 362.69吨，国际板询价成交5 286.18吨，同比分别增长110.84%、129.24%和29.37%。

定价交易规模稳步增长，定价主体广泛多元。2018年，“上海金”定价交易累计成交1 474.71吨，同比增长16.79%；成交金额3 997.95亿元，同比增长15.03%，日均成交量6.07吨。参与“上海金”的交易主体已经扩展到26家会员单位、33家机构客户，包括商业银行、产用金企业、境内会员和国际会员等多元化市场主体。

3. 清算、交割储运安全顺畅，出库规模略有上升

2018年，上海黄金交易所资金清算量33 812.32亿元，同比下降9.15%，日均139.15亿元。其中，会员自营清算额23 099.40亿元，同比下降6.78%；代理清算额10 712.92亿元，同比下降15.88%。

黄金实物出库量稳中略增。主板黄金出库量2 054.62吨，同比增长1.19%。2018年，上海黄金交易所在用指定仓库共计64个，分布在国内36个地区。

（二）黄金期货交易

1. 国内外黄金期货价格走势趋同，国内期现价差扩大

2018年，上海期货交易所黄金期货价格与国际黄金价格走势基本保持一致，总体呈先抑后扬走势。国内黄金期货主力合约开盘于279.55元/克，最高价287.95元/克，最低价262.7元/克，年末收盘价287.85元/克，较上年年末上涨3.62%。从期现价差情况来看，全年243个交易日，国内黄金期货收盘价均高于现货Au99.99收盘价。全年，期现价差波动区间为（0.08，5.54），较上年有所收窄，平均价差2.82元/克，较2017年的2.53元/克增长了11.46%。

2. 国内黄金期货交易量下滑，持仓量同比增长

2018年上海期货交易所黄金期货累计成交3 224.78万手（32 247.78吨），同比下降17.22%，低于2017年44%的降幅，日均成交132.71吨；累计成交金额88 495.99亿元，同比下降18.35%，占上海期货交易所所有品种总成交金额的5.43%。

黄金期货持仓量小幅增长。2018年，上海期货交易所黄金期货平均月末持仓量为165.16吨，较2017年增长5.43%。

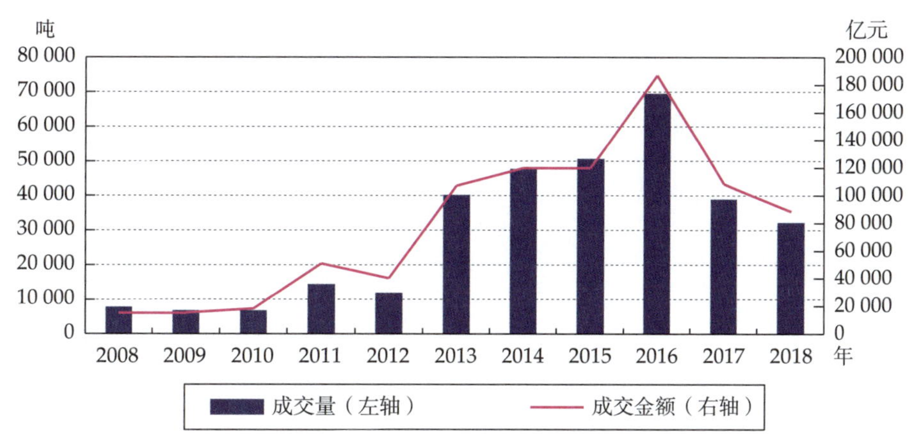

注：按双边计算。

数据来源：上海期货交易所。

图6-3 2008—2018年黄金期货成交情况

3. 实物交割量有所下降

截至2018年年底，上海期货交易所共有工行、农行、中行、建行、交行、浦发银行等6个指定交割金库，涉及39个存放点。2018年，上海期货交易所黄金期货交割总量4 689手，折合4.69吨，同比减少29.12%，交割金额12.84亿元，同比减少27.97%。

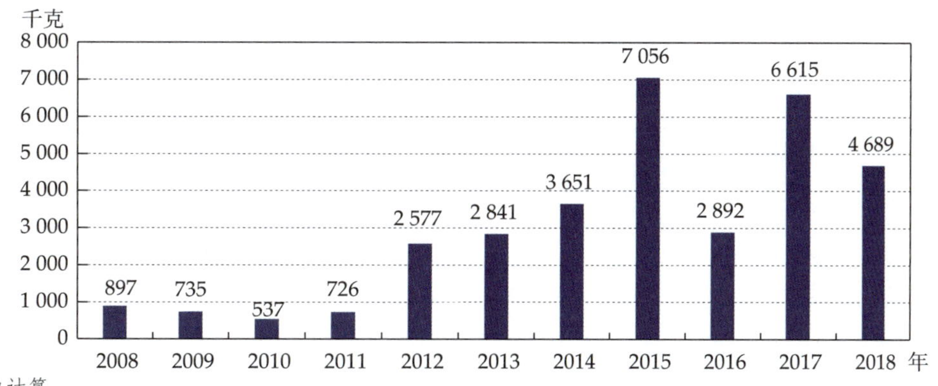

注：按单边计算。

数据来源：上海期货交易所。

图6-4 2008—2018年黄金期货交割情况

（三）商业银行黄金业务

1. 商业银行在上海黄金交易所的主体地位进一步提升

2018年，商业银行在上海黄金交易所的黄金交易总量达59 283吨，成交金额160 686.12亿元，同比分别增长49.60%和47.08%，交易量占比为87.81%，较上年上升14.8个百分点。从自营和代理交易结构看，商业银行在上海黄金交易所的自营交易量大幅增长，代理交易量有所下降。2018年，商业银行在上海黄金交易所自营交易黄金54 056.75吨，同比增长61.59%；代理机构及个人累计交易黄金5 225.88吨，同比下降15.38%。其中，代理机构交易黄金1 683.14吨，同比下降30.31%；代理个人交易黄金3 542.75吨，同比下降5.79%。从交易方式上看，商业银行在黄金竞价、询价、定价业务中均发挥了主体作用。2018年商业银行竞价交易黄金12 790.06吨，同比下降22.26%，占黄金竞价交易总量的62.73%；询价交易黄金45 088.96吨，同比增长104.90%，占黄金询价交易总量的98.78%；定价交易黄金1 403.62吨，同比增长20.04%，占全年定价交易总量的95.18%。

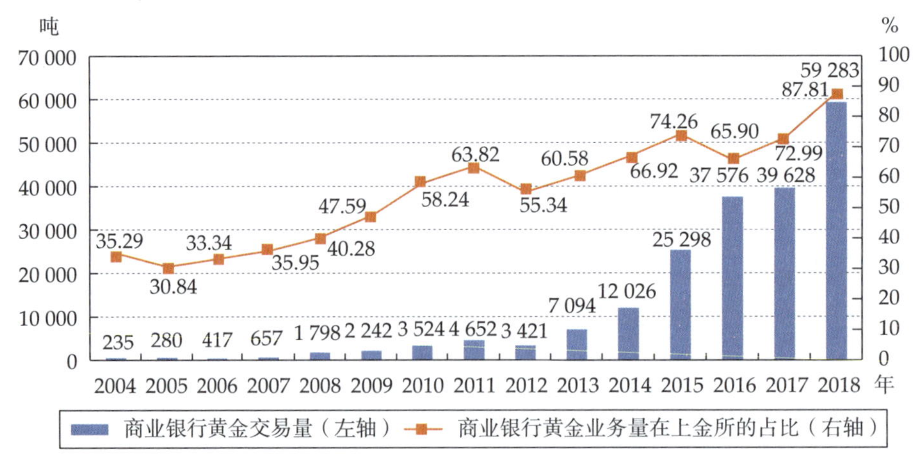

数据来源：中国人民银行上海总部。

图6-5 2004—2018年商业银行在上海黄金交易所的黄金交易总量和占比情况

2. 商业银行的境内自有黄金业务规模保持增长

2018年，商业银行在境内开展的各项场外黄金业务累计成交9 312.77吨[①]，同比增长15.34%，其中账户金业务、黄金理财、美元报价的黄金衍生品业务增长较快。

（1）实物黄金销售量有所下降。2018年，商业银行累计销售实物黄金254.4吨，同比下降16.32%，销售金额751.31亿元，同比下降15.57%。其中，自营品牌金销售81.72吨，同比下降1.20%，代理品牌金销售25.62吨，同比上升31.79%；黄金积存（定投）销售147.06吨，同比下降27.14%。

① 实物黄金、账户金、在境内开展的各项黄金衍生品等业务交易量按双边计算，黄金质押业务按接收质押黄金的重量计算，黄金租借业务按租出、拆出量计算。

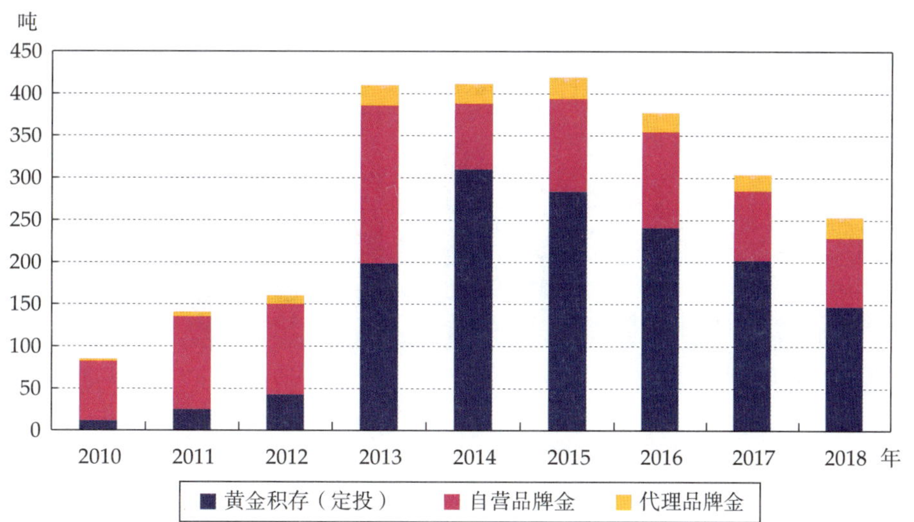

数据来源：中国人民银行上海总部。

图6-6 2010—2018年商业银行实物黄金销售量

（2）账户金交易量快速增长。2018年，全国有14家商业银行开展了账户金业务，累计成交3 168.69吨，交易金额8 535.99亿元，同比分别增长48.71%和46.29%。其中，美元账户金184.64吨，同比增长2.80%，人民币账户金2 984.04吨，同比增长52.93%。

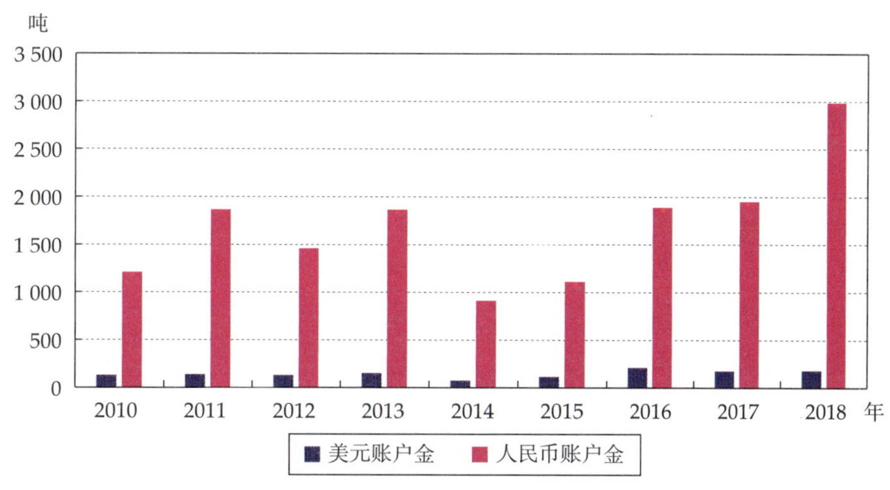

数据来源：中国人民银行上海总部。

图6-7 2010—2018年商业银行账户金历年成交量情况

（3）黄金租借业务明显下降。黄金租借业务包括商业银行同业黄金拆借和对企业客户的黄金租赁两部分。2018年，商业银行累计租出黄金1 775.06吨，同比下降40.73%，名义成交金额4 827.00亿元，同比下降41.62%。其中，商业银行对客黄金租赁984.48吨，同比下降44.63%；同业之间累计拆出黄金790.58吨，同比下降35.02%。截至2018年年末，黄金租借余额为1 261.23吨，较上年年末下降50.66%。

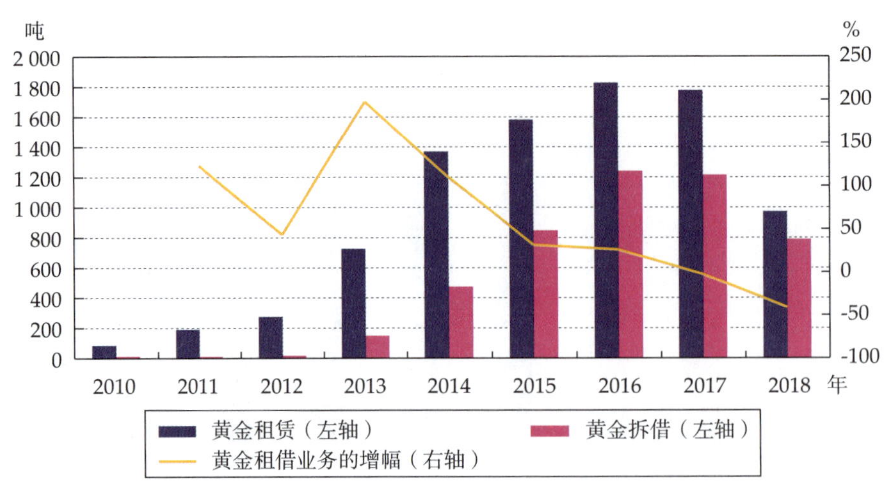

数据来源：中国人民银行上海总部。

图6-8 2010—2018年黄金租赁、黄金拆借业务量及黄金租借业务的增长幅度

（4）黄金质押业务持续下降。2018年，仅中国银行和建设银行两家商业银行开办了黄金质押业务。全年，累计接收质押黄金0.17吨，同比下降79.52%。

（5）黄金理财业务大幅增长。2018年，商业银行出售各类挂钩黄金的理财产品名义本金额达18 741.53亿元，同比增长50.10%；到期赎回18 215.06亿元，同比增长70.96%。截至2018年年末，未到期黄金理财产品余额为3 883.78亿元，较上年年末增长15.94%。

（6）境内黄金衍生品交易快速增长。商业银行在境内开展的场外黄金衍生品业务包括分别以美元和人民币报价的黄金远期、黄金掉期和黄金期权。2018年，境内黄金衍生品业务累计交易3 979.54吨，同比增长63.16%。其中，黄金远期成交1 167.51吨，同比下降9.79%；黄金掉期成交2 481.76吨，同比增长121.73%；黄金期权成交330.27吨，同比增长近12倍。从不同币种的黄金衍生品交易情况看，2018年以人民币报价的黄金衍生品累计成交1 239.70吨，同比增长5.46%；以美元报价的黄金衍生品累计成交2 739.84吨，同比增长116.85%。

3. 商业银行境外黄金业务量增长较快

2018年，商业银行各类境外黄金交易累计成交28 293.17①吨，成交金额11 533.26亿美元，同比分别增长47.46%和48.49%。其中，境外黄金掉期成交11 683.58吨，同比增长52.72%；境外黄金远期成交1 721.96吨，同比增长31.57%；境外黄金期货成交148.59吨，同比增长90.61%；境外黄金期权成交4.74吨，同比增长28倍多；境外黄金即期成交4 843.89吨，同比上升40.49%；境外黄金租借成交9 890.40吨②。从交易结构看，黄金即期交易占商业银行境外黄金业务总量的17.13%，黄金租借业务占比为34.96%，黄金

① 2018年商业银行境外黄金业务统计中包括境外黄金租借业务，同比进行了调整。

② 境外黄金租借业务自2018年1月开始统计，无同比数据。

掉期交易和黄金远期交易占比分别为41.30%和6.09%，黄金期货、黄金期权及其他黄金衍生品的累计交易占比不足1%。

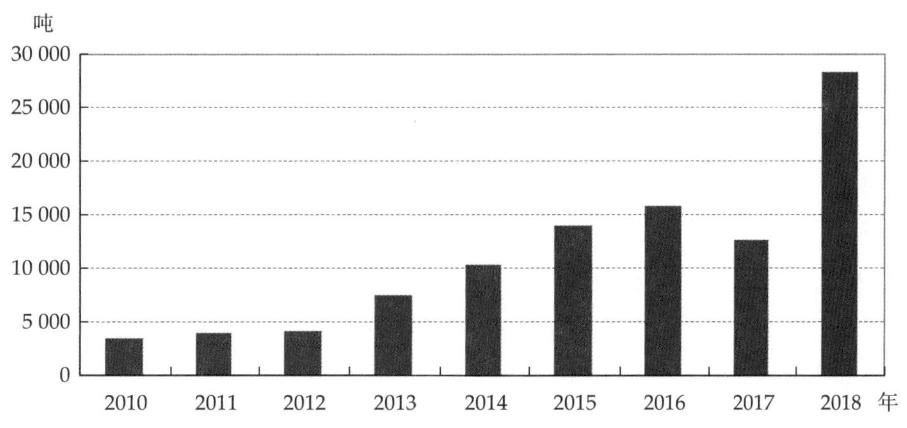

数据来源：中国人民银行上海总部。

图6-9 2010—2018年商业银行境外黄金业务量

二、黄金市场运行的主要特点

（一）国内金价小幅上涨，境内外黄金现货价差收窄

2018年，国际金价继续呈现横盘震荡的走势。年末，伦敦现货黄金定盘价为1 281.65美元/盎司，比2017年年末下跌14.85美元，跌幅为1.15%。而国内金价受人民币汇率波动影响，振幅区间进一步收窄，使国内金价有所上扬。年末，国内金价为284.6元/克，较上年年末上涨4.25%。黄金的境内外价差收窄，平均幅度为1.47元/克，同比缩小0.72元/克，下降32.72%。

（二）市场结构有所分化，呈差异化发展

国内黄金市场总体呈现增长态势，但市场结构和业务品种出现分化，各类黄金业务呈现不均衡发展情况。一是上海黄金交易所黄金产品与上海期货交易所黄金期货产品发展不均衡。2018年，上海黄金交易所各类黄金产品总成交量同比增长24.35%；上海期货交易所黄金期货交易量同比下降17.22%。二是上海黄金交易所自营和代理业务发展不均衡。全年，上海黄金交易所代理黄金业务量9 614.14吨，同比下降43.43 %，而自营黄金业务57 896.11吨，同比上升55.23%。三是上海黄金交易所竞价、询价和定价交易发展不均衡。上海黄金交易所黄金竞价交易同比下降32.39%，黄金询价和黄金定价交易量同比分别增长99.57%和16.79 %。四是商业银行柜台黄金业务发展不均衡。账户金业务、黄金理财业务、境外黄金业务增长较快，实物黄金销售业务、黄金租借业务同比下滑。

（三）黄金市场与其他金融子市场的关联性加强

2018年以来，在美元持续加息、美元

指数不断走高，美国股市波动率加大，国际金融市场动荡、避险情绪升温等因素相互交织的国际背景下，国际金价与美元指数的负相关性提升。两者之间的相关系数由2017年的-0.739变为2018年的-0.894。在国内金融强监管、去杠杆、防风险的宏观政策影响下，国内贵金属价格受人民币汇率波动影响加深，黄金市场与外汇市场、证券市场、债券市场的关联性加强。2018年国内黄金ETF交易量1 095.51吨，年末持仓量45.02吨，分别较上年同期减少11.63%和10.78%；上海黄金交易所与中央国债登记结算有限责任公司合作优化债券冲抵保证金业务，将政策性金融债纳入可抵充债券范围，拓展了人民币债券担保品在贵金属市场的应用范围。境内以美元标价的黄金衍生品交易活跃，商业银行境外黄金业务增长迅速。

三、黄金市场创新、制度和基础设施建设

（一）加强黄金市场制度规范

一是中国人民银行发布三项黄金市场业务管理规定。为维护黄金市场健康稳定发展，保护投资者合法权益，在广泛征求社会各界意见后，中国人民银行办公厅于2018年12月14日印发了《金融机构互联网黄金业务管理暂行办法》（银办发〔2018〕221号）、《黄金积存业务管理暂行办法》（银办发〔2018〕222号）和《关于黄金资产管理业务有关事项的通知》（银办发〔2018〕215号）。上述新规的推出，规范了互联网黄金、黄金积存和黄金资管业务，完善了黄金市场监管制度体系，夯实了黄金市场发展的基础，有利于防范市场风险，避免业务创新脱实向虚。

二是上海黄金交易所加强反洗钱管理。根据人民银行统一部署，初步完成反洗钱工作的组织机构搭建和管理制度制定，出台《反洗钱工作管理办法》等管理制度和操作规则。开发上线反洗钱管理信息系统，实现会员尽职调查信息采集、评估会员洗钱风险等级系统化管理。开展反洗钱宣传培训交流，引导市场参与者提升反洗钱意识，推动构建覆盖全市场的反洗钱工作网络。完成反洗钱金融行动特别工作组（FATF）组织的互评估工作。

三是推出黄金期货市场做市商制度。2018年10月，上海期货交易所发布《上海期货交易所做市商管理办法》，首批招募黄金和镍两个期货品种做市商。黄金期货做市商制度的推出将改善黄金期货非主力合约交易的活跃度和连续性。

（二）推动黄金市场产品创新

启动熊猫金币30克交易业务。2018年9月12日，熊猫金币在上海黄金交易所挂牌交易。截至2018年年末，熊猫金币交易量2 059.14千克，共68 638枚，成交金额5.66亿元，成交价格较基础金价（Au99.99合约）平均溢价2.02%。

（三）优化黄金市场基础设施建设

一是持续深化价格基准建设。上海黄金交易所正式发布黄金远期价格定盘曲线；依托询价期权隐含波动率曲线建设，推动期权资管、衍生应用向“上海金”市场积聚。

二是发布新一代交易制度规则。修订并发布《上海黄金交易所交易规则》、交易发票管理等29项业务运行制度，进一步完善

大宗交易、竞价、询价等管理细则；修订结算、交割、租借、质押等多项配套规则。

三是推出新一代交易系统。2018年6月，上海黄金交易所第三代交易系统（GEMS-3）建设全面完成。GEMS-3涵盖了近百项架构类需求，涉及核心业务、国际业务、互联网业务等三大板块，完善与加固了技术架构，优化了面向广大会员的服务体系。

四是推广金条、金锭的中国标准。上海黄金交易所制作并发布SGEB1-2002《金锭》和SGEB2-2004《金条》标准英文版。该标准作为上海黄金交易所质量标准体系的核心内容，包括目前国际主流的1Kg、3Kg和12.5Kg金锭规格标准，是涵盖了当前国际黄金市场通用金锭规格的中国黄金标准体系。

四、黄金市场对外开放

（一）国际板交易规模继续扩大

国际板市场参与主体规模进一步扩大，国际会员与投资者结构层级不断丰富，交易参与度不断提升。截至2018年年末，国际板已招募国际会员74家，通过国际会员代理的国际客户77家，参与市场交易的国际会员共43家，约占总国际会员数的58%，同比增长16%。国际板发展势头良好，市场功能逐步显现，交易规模稳步攀升。2018年，国际板成交贵金属28 332.60吨，同比增长133.12%；成交金额18 423.60亿元，同比增长37.77%。其中，黄金成交量6 548.62吨，同比增长37.09%；成交金额17 646.76亿元，同比增长34.85%。

（二）商业银行积极参与境外黄金市场

国内商业银行参与国际黄金市场的活跃度提升。一是境外黄金交易量增长较快。2018年，商业银行各类境外黄金交易累计成交28 293.17吨，成交金额11 533.26亿美元，较上年分别增长47.46%和 48.49%。二是境外交易品种不断丰富。交易的黄金业务品种包括黄金即期、黄金远期、黄金掉期、黄金期货、黄金期权，基本涵盖国际黄金市场的所有品种。三是国际黄金市场的参与度提升。2018年年初，继中国银行、工商银行、建设银行、交通银行之后，民生银行也成为伦敦黄金市场协会（LBMA）会员，其中中国银行、建设银行已经参与LBMA黄金定盘价报价，国际黄金市场上的中国声音逐渐响亮。

（三）“上海金”国际影响力提升

“上海金”推出后，其交易、交割和清算各环节规范有序，交易规模稳步增长，价格形成机制公允透明，人民币黄金价格基准作用初步显现。一是交易规模稳步增长。自2016年推出以来，截至2018年年末，“上海金”累计成交3 204.57吨，成交金额9 026.22亿元。2018年，“上海金”定价交易累计成交1 474.71吨，同比增长16.79%；成交金额3 997.95亿元，同比增长15.03%，日均成交量6.07吨，均再创新高。二是价格形成机制规范透明。“上海金”集中定价交易业务采取公开透明的“以量询价、量价平衡”为原则的交易模式，充分保证了基准价格的合理公允性。2018年，“上海金”定价交易共进行486场2 381轮交易，平均每场4.9轮，日均成交6.07吨，日均成交额16.45亿元。三是市场影响力持续扩大。国内方面，“上海金”不仅被多家商业银行用作黄金租赁、质押等黄金融通的计价依据，还被用作黄金衍生产品的现金结算价。国际方面，人民币“上海金”

价格在全球黄金市场交易结算中逐渐开始形成初步的影响力。目前，多家全球著名的交易数据平台以及Kitco等一些国际知名的贵金属网站均实时公布“上海金”交易、价格数据等相关信息。2018年，上海黄金交易所继续授权迪拜黄金与商品交易所使用“上海金”基准价估算黄金期货，进一步推动“上海金”品牌在境外市场的认可度和竞争力。

（四）加强与国际市场及“一带一路”沿线国家的合作

2018年，黄金行业“走出去”步伐加快。重点黄金企业集团境外矿产金产量达23.4吨[①]。中国黄金购买俄罗斯克鲁奇金矿70%的股权，紫金矿业收购塞尔维亚最大铜矿RTB Ror项目和加拿大Nevsun公司，合计投资金额超200亿元；赤峰黄金以2.75亿美元收购老挝Sepon露天铜金矿。我国黄金企业走向海外已成为一种趋势。上海黄金交易所也不断与伦敦、纽约等国际主流市场加强沟通，与CME、LBMA、德国证券交易所探索市场互联互通的合作模式。2018年4月，在中俄央行黄金交易所合作备忘录框架指导下，上海黄金交易所与莫斯科交易所签订了《谅解备忘录》，为今后双方业务拓展提供了明确方向和具体内容。

五、黄金市场发展展望

中国黄金市场将顺应“西金东移”的国际黄金市场发展趋势，立足于发展新阶段，继续推进市场化、国际化建设，加速融入全球市场；加快推动黄金市场创新发展，深化黄金市场功能，引导更多金融机构参与黄金市场，扩大黄金市场的广度和深度；不断完善黄金市场制度，继续加强对黄金市场的管理和监测，切实防范化解市场风险。

① 马春红. 2018年我国产金401吨［N］. 中国黄金报，2019-02-01.

专题八　国内挂牌熊猫普制金币交易产品

2018年9月12日，上海黄金交易所与中国金币总公司联合推出的熊猫普制金币交易产品正式挂牌交易。这不仅丰富完善了上海黄金交易所黄金产品序列，更是我国贵金属纪念币发行管理和交易方式的一次重大改革。截至2018年年底，熊猫普制金币累计成交68 638枚，共2 059.14千克，成交金额5.66亿元。

一、业务运行模式及规则

熊猫普制金币由中国金币总公司总经销，可通过上海黄金交易所系统大宗交易等方式向经销商销售熊猫普制金币。上海黄金交易所平台的个人客户及具有熊猫普制金币免税资格的机构客户可以参与熊猫普制金币的买卖交易，不具备熊猫普制金币免税资格的机构客户只能购买熊猫普制金币后提货，不能在上海黄金交易所平台卖出。

熊猫普制金币交易采用“价格优先、时间优先、集中撮合”的竞价全额现货交易方式。上海黄金交易为熊猫普制金币交易提供集中履约担保。合约代码为PGC30g，交易单位为30克/手，交易不区分发行年份和版别。

上海黄金交易所对熊猫普制金币交易按照“集中、净额、分级”的原则进行清算。其会员及客户参与熊猫普制金币合约交易成交后可申请提货，最小提货量为30克，且申请提货量为30克的整数倍。具体提货操作按照已经实行的《上海黄金交易所交割细则》及相关规程执行。

熊猫普制金币交易采用现货全额交易方式，与保证金交易相比，不具备卖空机制，风险较小，且不存在违约风险，在交易过程中，主要需防范市场对金银币概念的非理性价格炒作风险。因此，对熊猫普制金币交易的风险管理目前主要集中在价格风险防范、流动性风险防范和投资者教育等方面。

二、作用与意义

熊猫普制金币的挂牌交易，打通了我国黄金现货市场与金银币市场的产品通道，扩展了金币市场的交易方式，促进了金币市场持续健康发展。熊猫普制金币以集中竞价撮合方式改变了传统场外一对一的销售方式，对金币市场的发展有着重要意义。一是有利于扩展熊猫普制金币销售渠道，扩大金币市场的受众范围；二是有利于提升我国金银币市场的透明度，规范市场交易；三是有利于发挥市场的定价功能，平衡供求关系；四是通过发挥二级交易市场的功能，有利于增强金币的市场投资功能；五是有利于提升社会公众对金币的投资需求，形成市场的良性循环。

第七章　保险市场

2018年，我国保险市场总体平稳运行，保险业转型发展取得积极成效，业务结构优化，保险保障功能增强。保险公司风险管理能力稳步提升，保险业抵御风险的基础不断夯实。同时，外部环境变化影响增大，保险业周期性、结构性、体制性问题仍然存在。

一、保险市场运行情况

（一）原保费收入

2018年，我国保险业共实现原保险保费收入38 016.62亿元，同比增长3.92%。其中，财产险、寿险、健康险、意外险占比分别为28.33%、54.51%、14.33%和2.83%。2014—2017年，保险业原保费收入依次为20 234.81亿元、24 282.52亿元、30 959.10亿元和36 581.01亿元，年增长率分别为17.49%、20.00%、27.50%和18.16%；其中，产险公司原保险保费收入年增长率依次为16.41%、11.65%、10.01%和13.76%；寿险公司原保险保费收入年增长率依次为18.15%、24.97%、36.78%和20.04%。

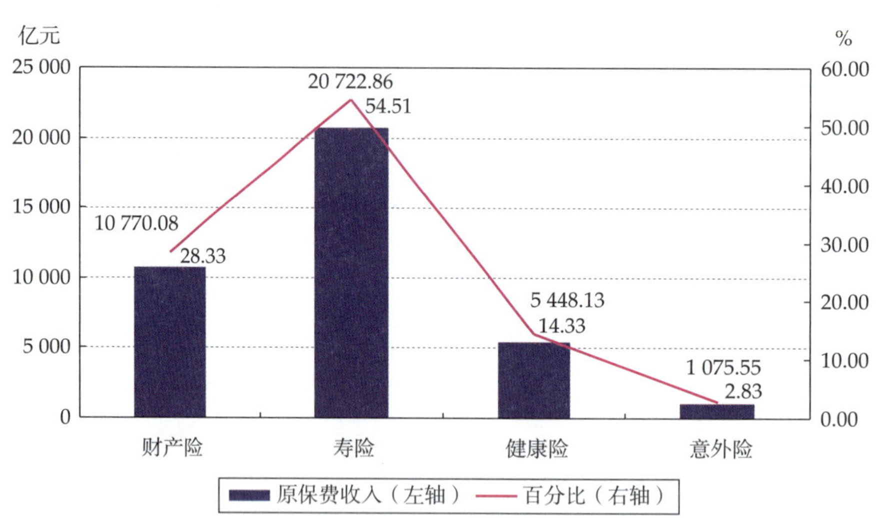

数据来源：中国银保监会网站。

图7-1　2018年原保费收入结构

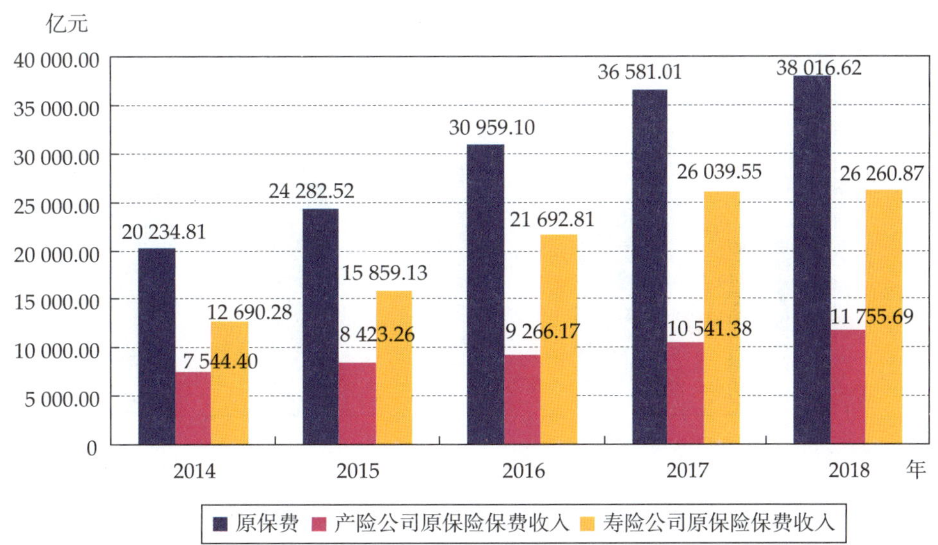

数据来源：中国银保监会网站。

图7-2 2014—2018年原保费收入

（二）赔款和给付支出

2018年，保险业赔款和给付（以下简称赔付）支出12 297.87亿元，同比增长9.99%。其中，财产险赔付支出占比为47.95%，寿险赔付支出占比为35.69%，健康险赔付支出占比为14.18%，人身意外伤害险赔付占比为2.18%。2014—2017年，保险业赔付支出分别为7 216.21亿元、8 674.14亿元、10 512.89亿元和11 180.79亿元，年增长率分别为16.15%、20.20%、21.20%和6.35%。

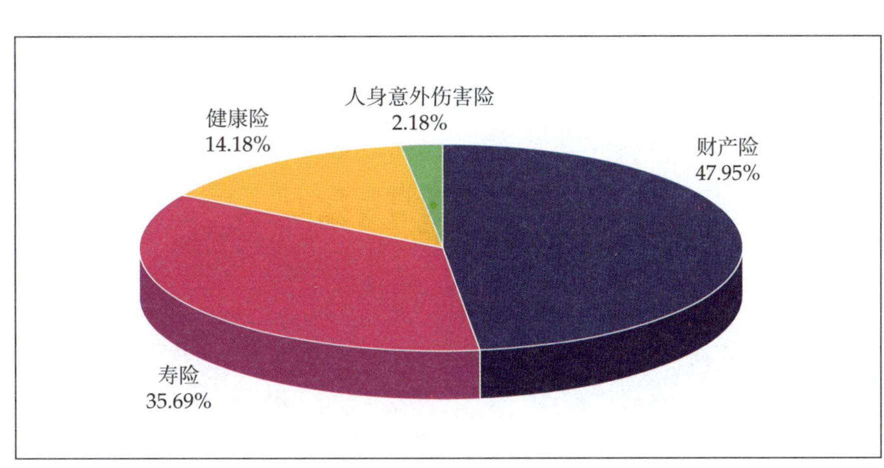

数据来源：中国银保监会网站。

图7-3 2018年赔付支出结构

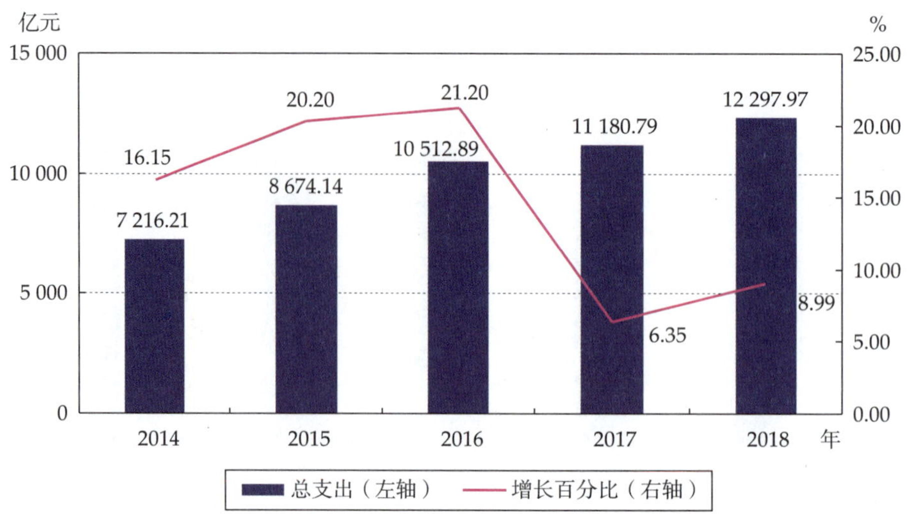

数据来源：中国银保监会网站。

图7-4 2014—2018年赔付支出

（三）保险业总资产

2018年，保险业资产总量183 308.92亿元，较年初增长9.45%。其中，财险公司、寿险公司、再保险公司、资产管理公司总资产占比分别为13.51%、84.06%、2.10%和0.32%；财险公司、寿险公司、再保险公司、资产管理公司总资产较年初分别增长-5.92%、10.55%、15.87%和13.41%。2014—2017年，保险业总资产依次为101 591.47亿元、123 597.76亿元、151 169.16亿元和167 489.37亿元，年增长率分别为22.57%、21.66%、22.31%和10.08%。

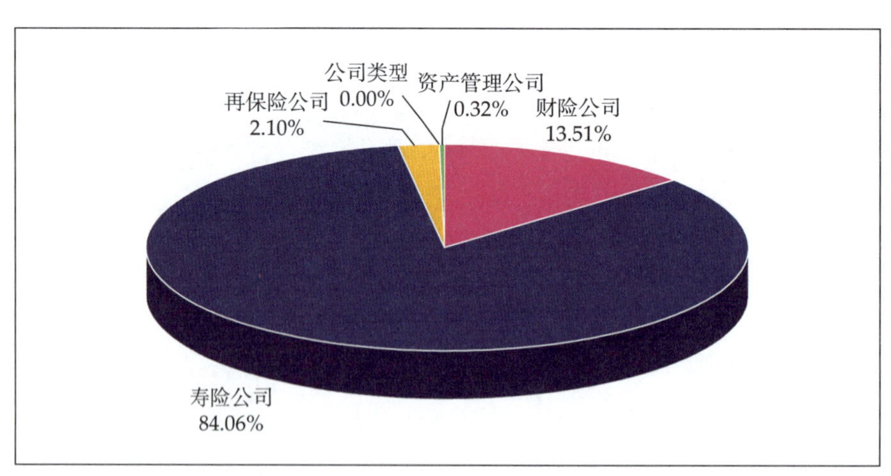

数据来源：中国银保监会网站。

图7-5 2018年保险行业总资产结构

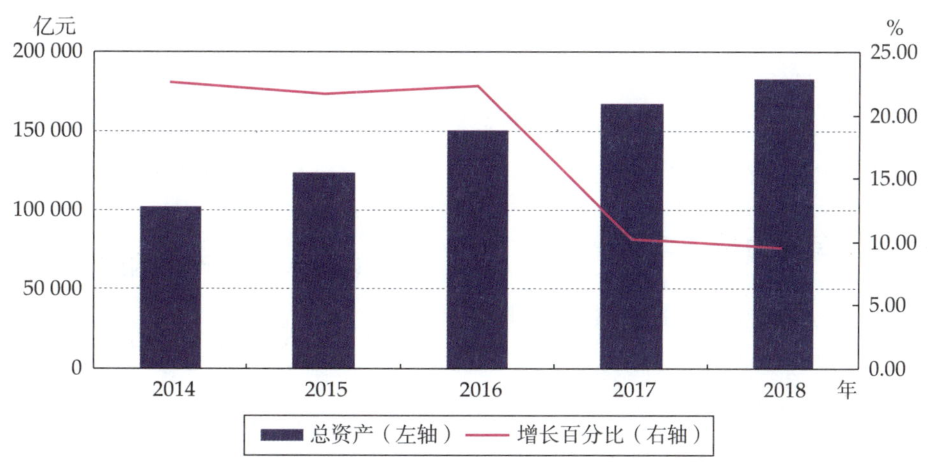

数据来源：中国银保监会网站。

图7-6 2014—2018年保险行业总资产

二、保险市场运行的主要特点

（一）风险保障功能不断提升

2018年，保险业提供保险金额6 897.04万亿元，同比增长66.23%；赔款和给付支出12 297.87亿元，同比增长9.99%。财产险业务发展平稳，人身险业务企稳回升。其中，财险公司保险金额5 777.37万亿元，同比增长90.65%；人身险公司新增保险金额1 119.67万亿元，同比增长0.10%。从险种看，车险保额211.26万亿元，同比增长24.92%；责任险保额866.14万亿元，同比增长244.04%；农险保额3.46万亿元，同比增长24.23%；寿险新增保额30.00万亿元，同比下降5.46%；健康险保额797.80万亿元，同比增长50.02%；意外险保额3 808.86万亿元，同比增长32.80%。

（二）行业积极转型回归本源

2018年，保险业新增保单件数290.72亿件，同比增长66.13%。其中，财险公司签单数量282.63亿件，同比增长70.10%；人身险公司本年累计新增保单8.09亿件，同比下降8.46%。从险种看，货运险签单数量48.90亿件，同比增长31.91%；责任险72.70亿件，同比增长81.70%；保证险22.86亿件，同比增长35.62%；车险4.48亿件，同比增长12.09%；寿险新增保单0.89亿件，同比下降19.86%；其中普通寿险5 549.10万件，同比下降20.35%；健康险32.01亿件，同比增长417.28%；意外险64.99亿件，同比增长168.51%。从保费收入增长来看，财产险业务中，交强险原保险保费收入2 034.38亿元，同比增长8.85%；农业保险原保险保费收入为572.65亿元，同比增长19.54%；人身险业务中，寿险业务原保险保费收入20 722.86亿元，同比下降3.41%；健康险业务原保险保费收入5 448.13亿元，同比增长24.12%；意外险业务原保险保费收入1 075.55亿元，同比增长19.33%。截至2018年年末，全国农业保险为1.95亿户次农户提供风险保障3.46万亿元，承保粮食作物面积11.12亿亩。涉农小额贷款保证保险实现保费收入4.1亿元，赔付支出8.3亿元，帮助20万农户撬动“三农”融资贷款138亿元。农房保险为1.4亿多间农房提供风险保障3.6万亿元。开发扶贫专属农业保险产品147个，涉及22个省份的60种农作物。

（三）风险抵御能力持续增强

银保监会发布《保险机构独立董事管理办法》，通过建立健全独立董事制度运行机制，明确主体责任，规范主体行为，强化监管约束等制度安排，进一步改善独立董事履职的内外部环境，促进独立董事在公司治理结构中充分发挥作用。截至2018年年末，纳入偿付能力监管委员会工作会议审议的178家保险公司的平均综合偿付能力充足率为242%，平均核心偿付能力充足率为231%。其中，财产险公司、人身险公司、再保险公司的平均综合偿付能力充足率分别为274%、235%和282%。经审议，104家保险公司在风险综合评级中被评为A类公司，69家被评为B类公司，2家被评为C类公司，2家被评为D类公司。

（四）积极参与维护金融稳定

保险资金运用余额为164 088.38亿元，较年初增长9.97%，其中银行存款24 363.50亿元，占比14.85%；债券56 382.97亿元，占比34.36%；股票和证券投资基金19 219.87亿元，占比11.71%；其他投资64 122.04亿元，占比39.08%。保险资金设立专项产品参与化解上市公司股票质押流动性风险，充分发挥保险资金长期稳健投资优势。自银保监会发布《关于保险资产管理公司设立专项产品有关事项的通知》以来，各保险资产管理公司积极稳妥开展专项产品业务，已有国寿资产等10家保险资产管理公司完成专项产品的设立前登记，目标规模合计1 160亿元，其中5单专项产品已经落地，完成投资约22亿元。

三、保险市场创新

（一）保险产品和服务创新

1. 个人税收递延养老产品试点迈出关键一步

2018年4月，财政部、税务总局、人力资源和社会保障部、银保监会和证监会联合下发《关于开展个人税收递延型商业养老保险试点的通知》，上海市、福建省（含厦门市）和苏州工业园区三地5月1日起将实施个人税收递延型商业养老保险试点，试点期限暂定一年。2018年5月，银保监会相继发布《个人税收递延型商业养老保险产品开发指引》《个人税收递延型商业养老保险业务管理暂行办法》《个人税收递延型商业养老保险资金运用管理暂行办法》，明确了税延养老保险的产品设计原则、业务管理要求和资金运用监管要求。截至10月末，已有19家保险公司符合资格参与该项试点，已上市保险产品61款。上述文件规范了保险公司个人税收递延型商业养老保险产品开发设计行为，促进了个人税收递延型商业养老保险试点健康发展，我国养老保障体系得到了进一步完善。

2. 继续完善巨灾保险制度，积极筹备多灾因巨灾保险产品上线

2018年，地震巨灾保险已覆盖家庭约608万户，完成保费交易2.01亿元，实现风险交易额约2 671亿元。在此基础上，中国城乡居民地震巨灾共保体认真落实银保监会要求，推动巨灾保险制度不断完善，开发多灾因、多期限巨灾保险产品。作为巨灾共保体运营单位，上海保险交易所已完成台风、洪水等巨灾保险产品以及多年期地震巨灾保险的系统开发、测试等上线准备工作。

3. 持续推进保险扶贫工作

探索精准扶贫模式，形成了“监管引领、行业参与、协同作战、合力攻坚”的工作格局，坚持以深度贫困地区为重点关切。2018年，保险公司积极参与新农合特困农民疾病补充保险、城乡居民（城镇职工）大病保险业务的承办工作，复制推广农业保险产业扶贫模式，取得显著成效。上海保险交易所公益扶贫招投标开始形成品牌，2018年续保浦发银行——云南儿童公益保险、上海农商行——西藏日喀则、中国银行——陕西咸阳、国泰君安——成长无忧等4个项目，实现续保保费555万元，保额297.9亿元。自公益扶贫招投标机制推出以来，已累计利用1 749.32万元公益资金撬动683.47亿元保险保障，惠及困难群众132.87万人次。

（二）保险交易所功能服务创新

1. 场内交易规则建设取得重大突破，保险产品交易系统实现8款产品挂牌

2018年4月，《保险产品交易业务规则（1—3号）》正式发布，内容涵盖产品挂牌、交易、信息披露以及专家委员会工作规则等。7月25日，中国人保健康“爱健康”系列个人税收优惠型健康保险正式挂牌交易，标志着我国保险业标准化场内公开交易市场建设迈出关键一步，这既是保险场内集中交易模式的重大创新，也是我国多层次保险市场体系的一次重要探索。截至2018年年末，共有4家保险公司8款税优健康保险产品挂牌交易，提供年度风险保额20多亿元。

2. 保险资产登记交易系统获批上线

2018年3月，中保保险资产登记交易系统正式上线运行，主要为保险资产管理行业提供相应产品的发行、登记、托管、交易、结算、信息披露以及相关信用增进和抵（质）押融资等服务，致力于推动保险资管市场的规范化、信息化和标准化建设。首批业务制度包括1部办法、4部指引，整套制度涵盖保险资管产品登记、发行、账户管理、信息披露等方面，目前已登记产品规模达1.34万亿元，债权投资计划、股权投资计划、资产支持计划累计1 330只，为行业提供信息披露、分期还本、收益分配、提前兑付等产品存续期管理业务。

（三）保险科技创新

保险科技是拓展保障功能的根本驱动力，也将成为今后保险业转型发展的核心竞争力。目前国内保险科技正处于起步阶段，并保持快速发展态势。其中，大数据、云计算相对比较成熟，人工智能发展速度较快。总体来看，保险科技已经从概念、理念逐步走向行业实践，不仅是推动行业发展的技术力量，更是驱动转型的中坚力量。一是利用大数据技术满足保险公司数据查询需求，实现数据信息跨行业共享。二是积极推动区块链技术在保险行业的应用。2018年，已经在养老金管理、再保险、共保、反欺诈、对账、数字保单托管等领域实现了区块链技术的运用。

四、保险市场对外开放

（一）放宽外资机构设立条件，扩大外资机构业务范围

2018年4月，习近平主席在博鳌亚洲论坛年会上宣布，中国将确保已宣布的重大金融

开放举措尽快落地，努力让开放成果及早惠及世界各国企业和人民。目前多项开放措施已落地：一是推动外资投资便利化，将外资人身险公司外方股比放宽至51%，3年后不再设限。二是放宽外资设立机构条件，在全国范围内取消外资保险机构设立前需开设2年代表处的要求。三是扩大外资机构业务范围，允许符合条件的境外投资者来华经营保险代理业务和保险公估业务。

（二）推动投资便利化，保险业对外开放实现新突破

2018年11月，德国安联保险集团获批在上海筹建安联（中国）保险控股有限公司，安联（中国）保险控股有限公司成为我国首家外资保险控股公司。工银安盛人寿保险有限公司获批筹建工银安盛资产管理有限公司、大韩再保险公司获批筹建分公司。

（三）打造国际再保险平台，服务“一带一路”建设

国际再保险平台是国务院批复明确要求建设的保险业重要基础设施。2018年8月8日，国际再保险平台正式上线，提供全方位、全流程、数字化交易服务，经与人民银行上海总部签署系统接入备忘录，平台可为境外机构开展再保险业务提供跨境资金结算。2018年年末，国际再保险平台发展机构用户22家，实现风险交易额88亿元。再保险平台的上线，可以进一步推动我国再保险市场的对外开放，提升上海的国际资源配置能力，提升我国再保险市场的国际话语权和定价权，提升我国国际金融中心建设的能级。

（四）持续完善法规制度建设，优化投资和经营环境

为不断优化保险业投资和经营环境，扩大保险业对外开放水平，银保监会修订完善了相关法律法规和配套制度。2018年2月，中国保监会对《中华人民共和国外资保险公司管理条例实施细则》《外国保险机构驻华代表机构管理办法》等规章相关条文进行了修改，对已取消的“设立外资保险公司相关材料公证”“外国保险机构驻华代表机构设立及重大事项变更相关材料公证”等中介服务事项所涉条文进行了调整。2018年4月，银保监会发布《关于放开外资保险经纪公司经营范围的通知》，放开保险经纪公司经营范围，与中资一致，符合条件的外资保险经纪机构可向当地（原）保监局申请办理许可证变更手续，与中资保险经纪机构享有同等经营范围。2018年5月，银保监会就《关于修改〈中华人民共和国外资保险公司管理条例〉的决定（建议稿）》和《中华人民共和国外资保险公司管理条例实施细则》公开征求意见，不再保留申请设立外资保险公司的外国保险公司应当在中国境内已经设立代表机构2年以上的要求。

五、保险市场发展展望

2019年银行业和保险业监管工作会议指出，当前保险业风险总体可控，但面临的形势依然复杂严峻。保险业将认真贯彻党中央、国务院决策部署，持续深化供给侧结构性改革，以服务人民生活为本推动产品创新，不断增强风险保障功能；聚焦主业、回

归本源，构建多层次、广覆盖、差异化的保险机构体系；充分发挥保险资金长期稳健投资优势，聚焦重大战略，支持重大工程和重点项目，加强对重点领域和民生保障的金融服务；完善公司法人治理机制，持续增强偿付能力建设，不断提高开放条件下经营管理能力和风险防控能力，坚决打好防范化解金融风险攻坚战，努力实现高质量发展，持续提升服务实体经济质效。

专题九 辅助监管服务实体经济 保险资管平台上线

习近平总书记在党的十八届五中全会第二次全体会议上指出，要“统筹监管重要金融基础设施，包括重要的支付系统、清算机构、金融资产登记托管机构等，维护金融基础设施稳健高效运行”，并在第五次全国金融工作会议上强调“加强金融基础设施的统筹监管和互联互通，推进金融业综合统计和监管信息共享”。

为贯彻落实国务院《关于加快发展现代保险服务业的若干意见》有关要求，国务院保险监督管理机构于2018年3月批准核心系统——中保保险资产登记交易系统（以下简称中保登系统）正式上线。作为国务院保险监督管理机构认可的行业基础设施平台，该系统将致力于推动保险资管市场的规范化、信息化和标准化建设，积极防范化解金融风险，努力服务实体经济。

一、高起点精准布局，围绕防范化解金融风险和服务实体经济进行制度设计

制度设计是纲，纲举目张。金融资产的集中登记和交易流通是防范和缓释市场风险的重要解决方案。中保登系统以“建设成为覆盖保险资金运用以及保险资产管理领域主要基础性服务，切实发挥一线自律、辅助监管以及引领创新功能的综合性基础平台”为目标，将防范化解金融风险与服务实体经济有机结合起来，致力打造在功能和作用上比肩境内外一流交易所及登记结算机构的行业基础设施。

如何聚焦防范化解金融风险？就是围绕防范化解金融风险任务，通过场内化的登记交易机制安排，发挥资管产品集中性登记交易场所的信息汇聚作用。肩负市场组织者的自律监管职能，构建保险业风险防范的一线屏障。

如何聚力服务实体经济？

首先，针对保险资管行业痛点难点，努力成为服务行业发展创新的基础平台。中保登系统以降低行业运营成本、提升市场流动性与活力、增强保险资产管理行业的科技运用能力为目标，为保险资金运用和保险资管产品发展提供共性的基础服务。

其次，密切关注国家重点战略领域，努力成为保险资金服务实体经济的助推器。截至2018年年末，保险资金运用余额16.41万亿元，其中为实体经济提供融资余额约12万亿元。通过构建透明、公平、高效的产品发行和交易平台，引导保险资金更好地服务实体经济和国家重点战略。

最后，把脉行业发展趋势，努力成为保险资管行业深化改革的试验田。发挥平台纽带作用，为保险资产管理行业内部以及跨行业的机构间互联互通、跨界投资创造有利条件，为行业在产品形态、交易机制等领域的改革创新提供平台。

二、高质量建设金融基础设施要实现“五个目标”

充分考虑保险资金运用和保险资产管理的特点，中保登系统的目标是“三个一工程”，即“一套系统、一组规则、一个数据库”。

“一套系统”包括：建立统一的持有人账户和产品代码，提高保险资产管理业务的统一规范程度；实现保险资管产品的发行、登记及信息披露业务功能，为后续场内交易等深度功能开发奠定基础；实现系统功能前端控制与全流程管控，有效降低业务操作风险。同时，高质量建设金融基础设施必须实现“五个目标”。

一是非标资产标准化。通过集中化场内登记和交易机制把行业的非标资产转为标准资产，提高保险资管产品的跨行业竞争力。二是场外交易集中化。通过集中化的平台服务，把保险资管产品场外交易移到场内，提升业务的规范化和透明化程度。三是手工交易电子化。把保险资管产品的申赎指令、划款指令、合同签署等手工交易转化为电子化指令，提高交易效率，降低交易成本。四是交易结算一体化。实现保险资管产品交易以及保险资金投资信息流和资金流的统一，改变目前场外低效的交易结算方式。五是风险管控全程化。把线下投资纳入全流程的风险管理体系，有效降低相关业务的操作风险、道德风险和运营风险。

截至2018年年末，已累计登记300余家机构金融资产，规模达7.77万亿元。其中，保险资管产品2 200余只，规模2.54万亿元，保险机构投资银行存款、银行理财、信托计划等其他金融产品约3.83万亿元，保险机构直接投资股权、股权基金、不动产资产规模约1.31万亿元。

三、多渠道服务实体经济，防范化解金融风险

一是助力行业提高服务实体经济效率。充分发挥贴近市场、链接广泛的特点和优势，积极对接金融同业、行业协会，推动形成多层次的服务行业体系。一方面，充分发挥第三方登记机构的专业化能力，统一产品代码和持有人账户等基础性要素，通过打造具有公信力和约束力的市场平台，打破市场信息不对称的格局，促进保险资产管理机构规范中间业务环节。截至2018年年末，中保登系统拥有5 570个市场参与人，已开立市场参与机构持有人账户2 591个。另一方面，实现广泛的市场互联互通。目前已与211家机构实现技术系统网络对接，并和中国保险资产管理业协会建立了信息交互机制，启动了与保险资管公司、托管行等机构系统互联互通建设，有效地推动建设保险资管行业与其他金融及实体经济产业广泛互联互通的便捷、高效、低成本生态圈及综合服务平台。

二是助力行业提高服务实体经济能力。近年来，保险资金在支持实体经济建设和国家社会经济发展战略中发挥了积极作用。中保登系统通过构建透明、公平、高效的产品发行和交易环境，利用公开市场交易机制盘活存量资产流动性，为保险资金服务国家战略和实体经济提供源源不断的“活水”。在场内发行方面，截至2018年年末，已完成保险资管产品场内发行20单，规模298.96亿元，产品涵盖“大飞

机”“长江经济带”“京津冀协同发展”“普惠金融”“棚户区改造”等国家重大战略项目和民生工程。在场内交易方面，布局“非标转标”等创新业务，加快推进交易、产品估值等功能建设，稳步推进交易业务试点。2018年9月6日，保险资管行业首单产品场内交易业务——“泰康—中国铁建天津国际城项目债权投资计划（二期）”落地，截至2018年年末已完成场内交易6单，规模为11.73亿元。

四、行稳致远，稳步推进“三步走”发展战略

一是聚焦行业，夯实服务基础。以集中登记为首要切入点，实现保险行业内部机构的全打通，落实账户系统、产品管理系统、集中登记系统、资管产品的发行系统、交易系统和信息披露系统等基础性系统功能建设，不断提升面向监管与行业的信息服务能力和运营管理能力。

二是辐射业外，稳步推动非标转标工作。在不断丰富完善功能的基础上，拓展支付结算等相关功能，探索建立科学公允的保险资产管理产品估值体系，提升保险资产管理产品标准化水平，推动保险行业实现非标转标工程。

三是面向未来，积极推动创新发展。重点针对保险资金投资需求，建设以公募基金、信托、股权基金等产品为重点的投资共享系统，为监管及市场提供指数化、综合性的信息数据服务。进一步推动保险资金运用的国际化和市场化，服务好“一带一路”建设，为实体经济发展创造新动能。总之，通过打造多元基础设施功能，推动保险资管行业实现高质量和健康发展。

第八章　衍生品市场

2018年，中国衍生品市场规模进一步扩大，结构进一步优化，服务实体经济的功能进一步体现。期货品种创新有序推进，第一个国际化品种原油期货正式推出，商品期权市场规模稳中有升。股指期货市场流动性有所改善，国债期货市场成熟度稳步提升，上证50ETF期权经济功能逐步发挥。利率互换市场规模继续保持高增长态势。CRMW在支持民营企业债券融资中发挥重要作用。汇率衍生品市场已基本形成与国际外汇市场期现交易量2：1一致的格局。场外大宗商品衍生品市场规模回升，产品序列进一步完善。

一、商品期货与期权市场

（一）商品期货与期权市场的运行情况

2018年，中国商品衍生品市场累计成交量30.02亿手（单边，下同），同比下降1.6%；累计成交额184.70万亿元，同比增长13.1%。分交易所来看，上海期货交易所（以下简称上期所）[①]累计成交量12.02亿手，累计成交额94.28万亿元，同比分别下降11.9%和增长4.8%，分别占全国商品衍生品市场的40.04%和51.05%，占比分别较上年下降4.7个和4.0个百分点；郑州商品交易所（以下简称郑商所）累计成交量8.18亿手，累计成交额38.22万亿元，同比分别增长39.6%和78.9%，分别占全国商品衍生品市场的27.25%和20.69%，占比分别较上年上升8.1个和7.6个百分点；大连商品交易所（以下简称大商所）累计成交量9.8亿手，累计成交额52.2万亿元，同比分别下降10.8%和增长0.4%，分别占全国商品衍生品市场的32.71%和28.26%，占比分别较上年下降3.4个和3.6个百分点。

根据美国期货业协会（FIA）统计的2018年成交量数据，按场内衍生品成交手数计算，上期所成交量位列全球第10位，较2017年下降1位；大商所排名第12位，较2017年下降2位；郑商所排名第13位，较2017年持平。如果仅统计2018年场内商品衍生品的成交手数，上期所、大商所和郑商所的成交量排名依次为第1、第3和第4名，与2017年同期相比，分别持平、持平和上升1位。

① 本报告所指的上期所均包含其下属子公司——上海国际能源交易中心。

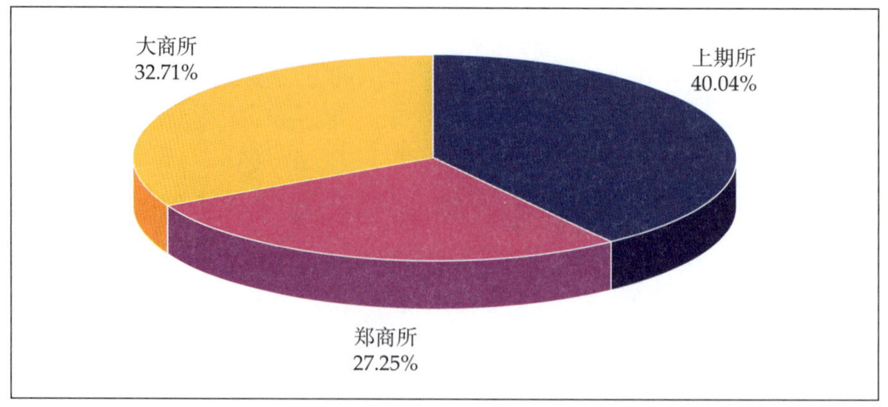

数据来源：中国期货业协会。

图8-1　2018年各交易所成交量占比

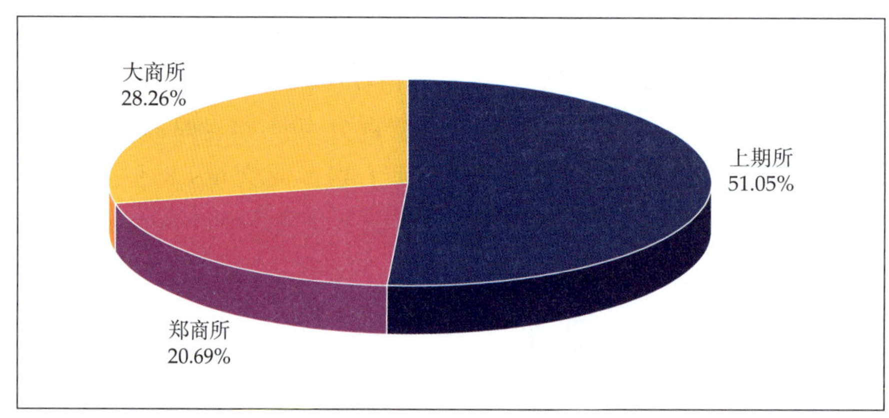

数据来源：中国期货业协会。

图8-2　2018年各交易所成交额占比

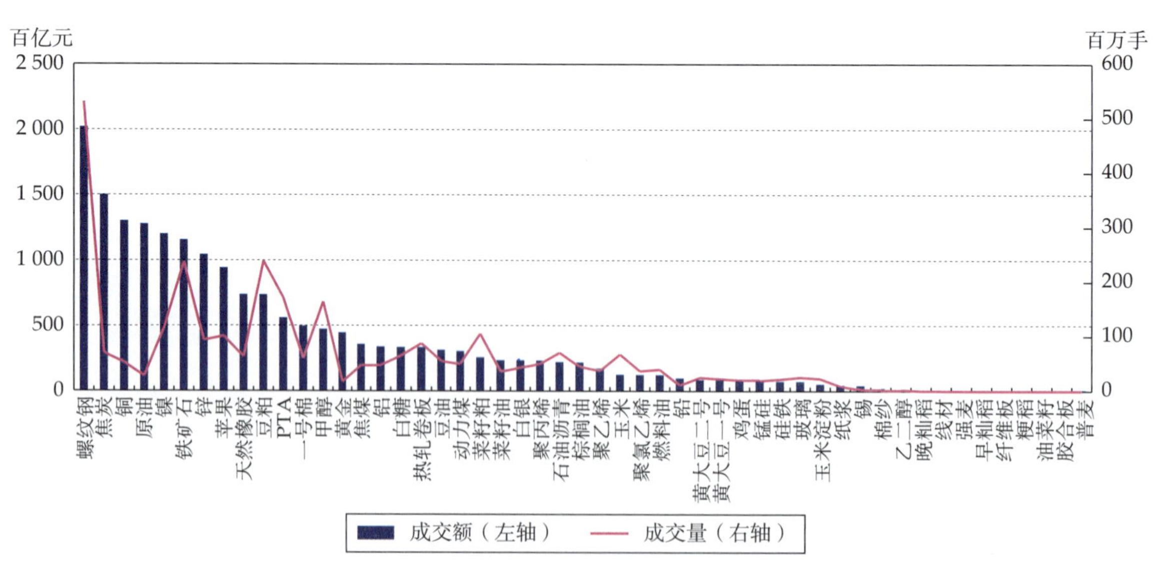

数据来源：中国期货业协会。

图8-3　2018年中国各商品期货品种累计成交量及成交额

从成交活跃程度来看，2018年商品期货成交量前十大品种依次为螺纹钢、豆粕、铁矿石、PTA、甲醇、镍、菜籽粕、苹果、锌和热轧卷板，合计成交量18.39亿手，占商品期货总成交量的61.3%；成交额排名前十位的品种依次为：螺纹钢、焦炭、铜、原油、镍、铁矿石、锌、苹果、天然橡胶和豆粕，合计成交额118.88万亿元，占商品期货总成交额的64.4%。

（二）商品期货与期权市场运行的主要特点

1. 商品期货市场成交量有所下降

2018年，全国商品期货市场累计成交量29.83亿手，同比下降2.1%。按商品大类来看，主要能源化工期货品种中，2018年燃料油的成交量同比大幅上升27 421倍，主要原因是上期所对原180燃料油期货合约进行了修订，并重新推出了保税380燃料油期货合约，新合约自挂牌交易以来，成交规模稳步增加；纤维板、焦炭和动力煤的成交量有所增加。此外，胶合板、聚乙烯、玻璃、天然橡胶和石油沥青的成交量下降幅度超过20%。

主要金属期货品种方面，2018年线材的成交量大幅上升，同比增长1 604倍，主要原因是上期所对线材期货合约进行了修订及重新挂牌；镍、硅铁和锡的成交量同比上升均超过30%；铜的成交量有所回落，降幅为5.3%。此外，铝、铁矿石、螺纹钢、锰硅和白银的成交量下降幅度均超过20%。

主要农产品期货品种方面，2018年晚籼稻、黄大豆二号、苹果、粳稻、早籼稻和棉纱成交量大幅上升，同比分别增长2 661倍、574倍、125倍、47倍、36倍和11倍；普麦、一号棉、豆粕、菜籽油和菜籽粕的成交量增长超过30%；豆油、黄大豆一号和油菜籽的成交量有所下降。此外，强麦、玉米淀粉、玉米、鸡蛋和棕榈油的成交量下降幅度均超过30%。

2. 商品期权市场规模稳中有升

2018年，全国商品期权成交量和成交额分别为1 830.88万手和210.17亿元，同比分别上升257.0%和450.0%。其中，豆粕期权成交量和成交额分别为1 252.16万手和92.66亿元，同比分别上升244.4%和287.9%；白糖期权成交量和成交额分别为459.34万手和34.63亿元，同比分别上升207.8%和141.0%；铜期权自9月21日上市以来，累计成交量和成交额分别为119.38万手和82.89亿元。

（三）商品期货与期权市场创新与制度建设

1.《外商投资期货公司管理办法》发布

2018年8月24日，中国证监会正式发布了《外商投资期货公司管理办法》（以下简称《办法》）。《办法》一是明确了适用范围，二是细化了境外股东条件，三是规范了间接持股，四是明确了高级管理人员履职规定，五是对文本语言和信息系统部署提出了要求。在期货品种国际化的背景下，《办法》的出台将促进境外机构投资者入市，有利于中国期货市场制度与国际规则的接轨。

2. 期货品种创新有序推进

2018年全年，中国期货市场新上市交易3个商品期货和1个商品期权品种，分别是原油期货、纸浆期货、乙二醇期货和铜期权。其中，原油期货于3月26日在上期能源挂牌交易；纸浆期货于11月27日在上期所挂牌交易；乙二醇于12月10日在大商所挂牌交易；铜期权于9月21日在上期所挂牌交易。新品种的推出，丰富了市场风险管理工具，更好地发挥了期货市场服务实体经济的功能，稳步助推了中国期货市场的国际化步伐。

3.《期货法（草案）》通过全国人大财经委审议

随着中国期货创新业务以及国际化业务的深入推进，期货市场立法已迫在眉睫。目前，《期货法（草案）》已经十二届全国人大财经委全体会议审议通过，并已列入全国人大常委会2018年立法工作计划预备审议项目。十三届全国人大常委会对期货立法工作也非常重视，已将《期货法》列入本届人大的第二类项目规划①。期货上位法的出台，将为中国建立国际化的大宗商品定价中心提供法律保障，为全球金融机构及投资者参与期货交易提供法律支持。

（四）商品期货与期权市场对外开放

2018年是中国期货市场对外开放的元年。中国期货市场按照国家金融业对外开放的总体部署，以"引进来"为主攻方向，先于3月实现了中国首个国际化品种原油期货在上期能源成功上市，目前日均成交量（按桶数计算）已经超过迪拜商品交易所阿曼原油期货，成为仅次于NYMEX和ICE的第三大原油期货交易场所；大商所的铁矿石期货和郑商所的PTA期货也分别于5月和11月正式引入境外交易者，为已上市期货品种的国际化积累了经验。此外，上期所20号胶作为特定期货品种的立项申请也于6月获得证监会批准，未来将复制原油期货相关政策，全面引入境外交易者。同时，期货交易所也加快了海外布局步伐。目前，上期所、大商所已在新加坡设立办事处；郑商所设立新加坡办事处的申请已获得证监会批复；中金所和大商所成功注册全球法人机构识别编码，此举将有助于在国际认证系统中确认中金所、大商所作为衍生品市场中央对手方的地位，并有助于境外金融机构合规参与期货交易。

（五）商品期货与期权市场发展展望

2019年，中国期货市场将继续以市场需求为导向，不断提供新的市场风险管理工具，积极构建日益完善的产品体系，稳步加快市场基础设施建设步伐，持续提升服务实体经济的深度和广度。同时，场外衍生品市场将得到快速发展，监管制度也将日趋完善。此外，期货市场国际化建设将持续推进，不断促进现有国际化品种的功能发挥，有序增加对外开放品种供给，继续积极做好外资投资中国期货公司的各项准备工作，着力提升中国市场的吸引力，不断提高境外投资者参与中国期货市场的广度和深度。

二、金融期货与期权市场

（一）金融期货与期权市场运行情况

2018年，中国金融期货与期权市场运行平稳。金融期货市场全年总成交量0.27亿手，总成交金额26.12万亿元，同比分别增长10.6%和6.2%，成交量和成交额分别占中国期货市场的0.9%和12.4%。ETF期权全年累计成交3.2亿张。截至2018年年底，金融期货市场开户人数达到38.27万户，ETF期权投资者账户数达到30.80万户。

① 全国人大常委会立法规划一般将列入规划的立法项目分为三大类：第一类是条件比较成熟、任期内拟提请审议的法律草案；第二类是需要抓紧工作、条件成熟时提请审议的法律草案；第三类是立法条件尚不完全具备、需要继续研究论证的立法项目。

股指期货市场上，全年沪深300、上证50、中证500三个股指期货产品总成交量1 634.43万手，总成交金额15.74万亿元，同比分别增长66.3%和49.8%；日均成交量和日均持仓量分别为6.73万手和11.90万手，同比增长67.0%和16.4%；日均成交持仓比为0.57，同比增长43.6%。

国债期货市场上，全年2年期、5年期和10年期国债期货累计成交1 086.57万手，日均成交4.47万手，同比减少26.1%；累计成交金额10.38万亿元，日均成交金额427.24亿元，同比减少26.0%。2018年年底，国债期货总持仓8.01万手，同比减少25.5%。其中，2年期国债期货持仓1 033手，5年期国债期货持仓1.50万手，10年期国债期货持仓6.40万手。

ETF期权市场上，全年上证50ETF期权累计成交3.20亿张，日均成交130.11万张，单日最大成交373.16万张。年末持仓195.92万张，日均持仓181.81万张，单日最大持仓277.42万张。累计成交面值8.43万亿元，日均成交面值343.78亿元，累计权利金成交1 797.70亿元，日均权利金成交7.40亿元。日均成交张数、日均持仓合约数、日均成交面值、日均权利金成交额分别较上年增长了72.6%、8.4%、72.8%和102.1%。

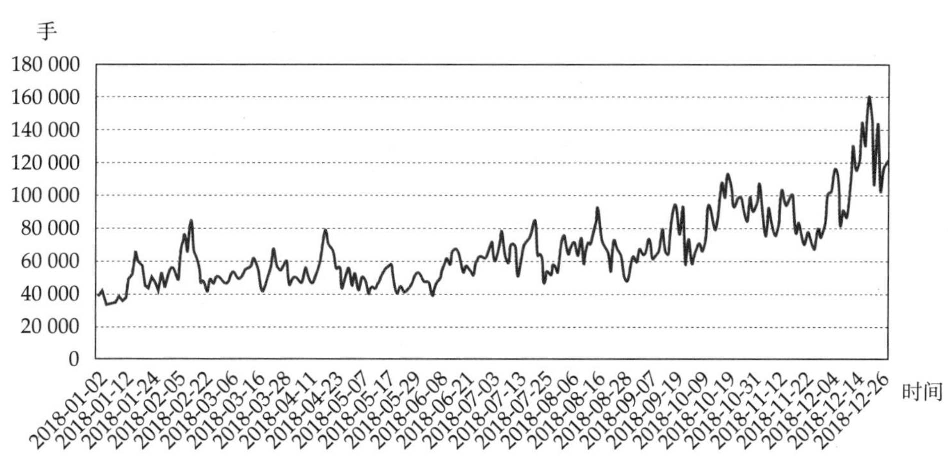

数据来源：中金所。

图8-4　2018年股指期货每日成交量

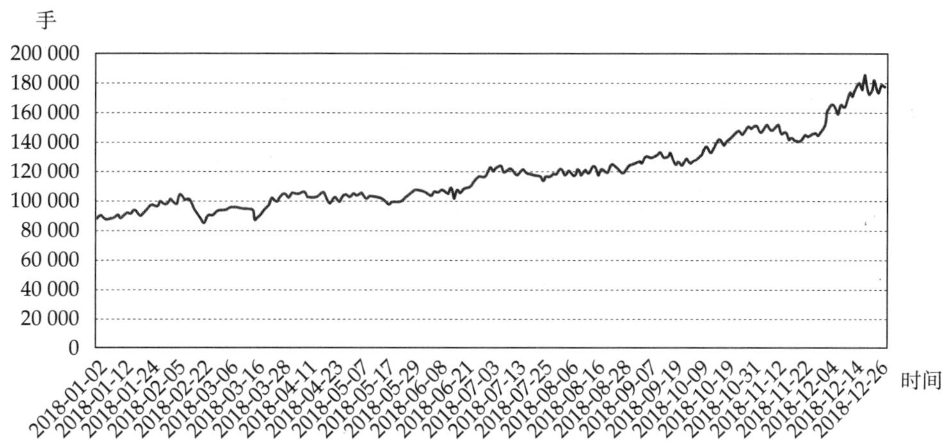

数据来源：中金所。

图8-5　2018年股指期货每日持仓量

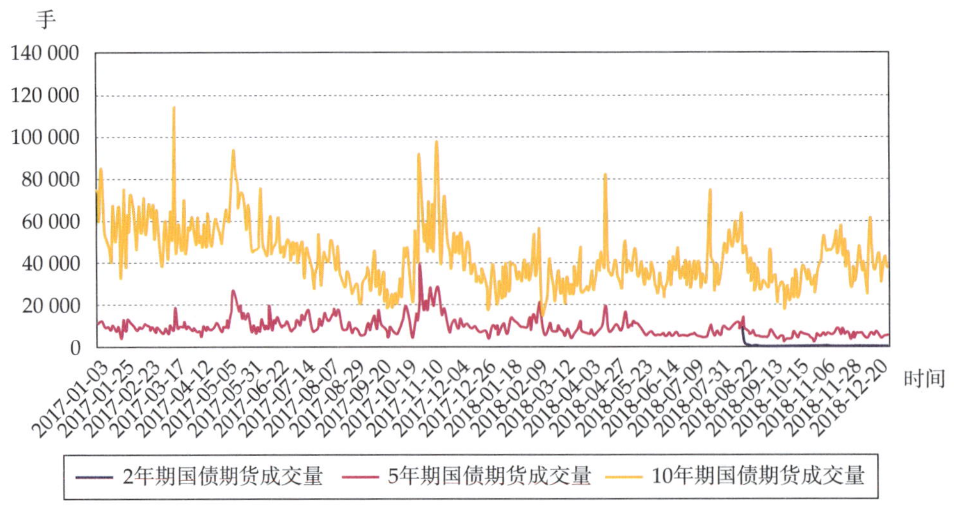

数据来源：中金所。

图8-6　2017—2018年国债期货每日成交量

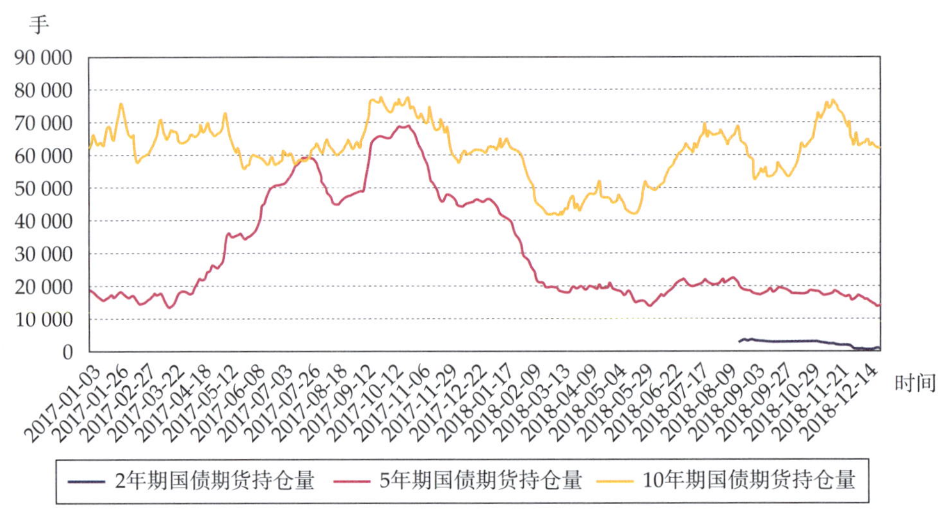

数据来源：中金所。

图8-7　2017—2018年国债期货每日持仓量

（二）金融期货与期权市场运行的主要特点

1. 股指期货期现货价格相关性高，市场流动性有所改善

2018年，股指期货市场呈现以下特征：一是机构投资者在沪深300、上证50、中证500股指期货上的日均持仓占比较高，分别为56.6%、51.2%和71.8%。二是股指期货期现货价格相关性高，沪深300、上证50和中证500股指期货主力合约收盘价和对应现货指数收盘价的价格相关系数分别为99.90%、99.88%和99.94%。三是2018年12月3日，中金所进一步调整股指期货交易安排，提高了日内开仓量限制标准，降低了平今仓手续费和保证金标准，相关措施实施后，股指期货市场流动性有所改善，但总体变化幅度不大，有待进一步提升。年内沪深300、上证50和中证500股指期货主力合约平均五档市场深度分别为11.63手、10.65手和8.22手，股指期货最优买卖价差较高，流动性的不足影响了股指期货市场功能的有效发挥。

2. 国债期货市场发展成熟度稳步提升

2018年，国债期货市场呈现以下特征：一是市场运行平稳，期现价格联动性良好，交割业务平稳顺畅。2年期、5年期、10年期国债期货主力合约与现货价格相关性分别达到97%、99%和99%以上。2018年，国债期货顺利完成9个合约的交割，总交割9 140手，平均交割率为4.2%，交割平稳顺畅。二是5年期和10年期国债期现货价格基差进一步收敛，机构投资者日均成交占比43.5%，较上年增加5.1个百分点，国债期货市场成熟度稳步提升。2018年，国债期货市场成交量和持仓量都有所下降。

3. 上证50ETF期权经济功能逐步发挥

2018年，上证50ETF期权合约新挂494个，合约摘牌460个，合约调整102个，合约提醒2 776个。期权市场成交持仓比平均为0.7，期现成交比平均为0.7，投机交易（方向性交易）占比为18.4%。全年市场质量指数、风险指数和投机指数等衡量市场质量和风险情况的指标均处于合理水平。期权的风险管理功能进一步凸显，保险型和收益增强型交易占比分别达到了14.0%和45.3%。总体来看，上证50ETF期权市场规模稳步增长，投资者参与理性，市场参与较为广泛，总体风险可控，期权经济功能逐步发挥。

（三）金融期货与期权市场创新和制度建设

1. 2年期国债期货上市，产品体系更加完善

2018年8月17日，2年期国债期货在中金所挂牌上市，标志着中国已经基本形成覆盖短中长期的国债期货产品体系。2年期国债期货合约标的为200万元人民币、票面利率为3%的名义中短期国债，可交割国债范围为发行期限不高于5年、合约到期月份首日剩余期限为1.5~2.25年的记账式附息国债，涨跌停板设为上一交易日结算价的±0.5%，最低交易保证金设为0.5%，其他合约条款与5年期和10年期国债期货一致。2年期国债期货的上市，进一步健全了反映市场供求关系的国债收益率曲线，丰富了金融市场利率风险管理工具，提升了债券市场服务实体经济能力。

2. 交易规则不断优化，市场功能持续深化

股指期货市场，经中国证监会同意，中金所于2018年12月3日进一步调整股指期货交易安排，优化股指期货交易运行，将股指期货日内开仓量限制标准调整为单个合约50手，将平今仓手续费标准下降为成交金额的万分之四点六，将沪深300和上证50股指期货的保证金标准下调为10%，中证500股指期货的保证金标准下调为15%。交易安排调整后，市场反应正面，市场规模有所增加，成交持仓比保持稳定，期现基差有所收敛，资金使用效率提高，市场流动性有所改善，但幅度不大。总体来看，有利于投资者参与股指期货交易，适度改善了市场流动性，提升了市场运行质量和效率，促进股指期货市场功能更好地发挥。

国债期货市场，中金所主动适应国债期货市场发展需求，适时优化国债期货交易规则。一是优化国债期货持仓限额制度，减少限仓和保证金梯级，提高限仓额度，并配套修改套保套利额度申请和生效时间。5年期国债期货梯度保证金由“1.2%～1.5%～2%”调整为“1.2%～2%”，10年期国债期货梯度保证金由“2%～3%～4%”调整为

"2%～3%"。一般月份限仓额度提高到2 000手，临近交割月份提高到600手。二是剔除可交割券中部分旧券，将发行期限在7年以上的旧券从5年期国债期货可交割券范围中剔除，发行期限在10年以上的旧券从10年期国债期货可交割券范围中剔除。国债期货合约规则的优化调整，有利于提升国债期货市场承载能力，增强临近交割月市场流动性，消除新旧券定价差异影响，提高国债期货定价准确性，促进国债期货市场功能发挥。

EFT期权市场，上交所为满足市场精准避险需求、增加期权市场深度，于2018年1月将期权合约初始行权价格数量从原有的5个增加至9个（包括1个平值、4个实值和4个虚值）。同时，为提高市场交易效率，便利投资者交易，上交所将限价订单单笔申报最大数量由10张调整为30张，市价订单单笔申报最大数量由5张调整为10张。

（四）金融期货与期权市场对外开放

2018年中金所推动国际化项目服务"一带一路"建设。一是推动巴基斯坦证券交易所（以下简称巴交所）不断发展完善，驻巴工作取得全面进展。中金所继续履行股东权利义务，设立驻巴代表处，认真参加巴交所公司治理；配合"中巴经济走廊"建设，以巴交所与瓜达尔自贸区合作备忘录为抓手，推动在巴中资企业到巴交所上市；以ETF产品为抓手，促进中巴两国资本市场合作。二是与上交所共同推动中欧所开展业务创新，积极配合做好D股的上市与宣传。截至2018年12月底，中欧所共有52只产品挂牌交易，其中1只为股票、14只为ETF产品、2只为ETN产品，其余为债券类产品。开业以来，中欧所总交易金额共计142.05亿元人民币（双边计算），约99%的交易金额来自ETF产品，人民币计价产品的交易金额为3.78亿元人民币。

（五）金融期货与期权市场发展展望

2019年，中国金融期货与期权市场将以服务实体经济和现货市场发展为宗旨，加快完善金融期货与期权产品体系；将进一步健全金融市场基础设施建设，优化业务规则制度，完善市场交易机制，促进市场功能更好发挥；将坚持与现货市场开放相适应的原则，稳步推进金融期货及衍生品市场对内对外开放，大力推动商业银行、保险资金等机构入市，有序引入境外投资者。

三、人民币利率衍生品市场

（一）人民币利率衍生品市场的运行情况

2018年，利率衍生品市场成交21.57万亿元，同比增长49.7%。其中，普通利率互换成交21.45万亿元，债券远期成交3.96亿元，标准债券远期成交793.80亿元。截至年末，利率互换市场名义未平仓余额为19.34万亿元（单边计），同比增长53.4%。

人民币利率衍生品市场参与主体继续扩大，截至年末，利率互换市场制度备案机构（含产品）共计407家，较上年年末增加90家；承诺使用利率互换交易确认功能的机构（含产品）共计382家，较上年年末增加109家。

（二）人民币利率衍生品市场运行的主要特点

1. 利率互换市场规模继续保持迅猛增长态势

2018年，利率互换市场继续保持高增

长态势，交易规模除12月较上年同期有所下降外，其余各月均较上年同比增长，1月、4月、5月同比增长超过100%，1月成交2.32万亿元，为年度最高，并创下同比增长249.0%的同比增长率年度最高。

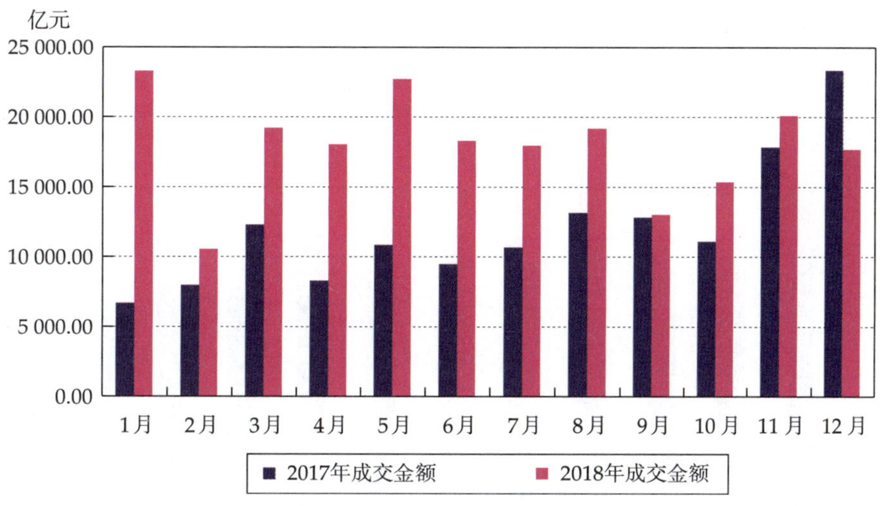

数据来源：中国外汇交易中心。

图8-8 2017—2018年人民币利率互换成交金额

2. 利率互换曲线平移下行，曲线平坦化

2018年，利率互换曲线各期限逐季平移下行，曲线维持2017年年末以来的平坦化特征。年末，关键指标性的1年、5年期FR007互换利率收于2.62%和2.93%，较年初分别下行102个和111个基点。1年、5年期Shibor3M互换利率分别收于3.21%和3.45%，较年初分别下行146个和129个基点。

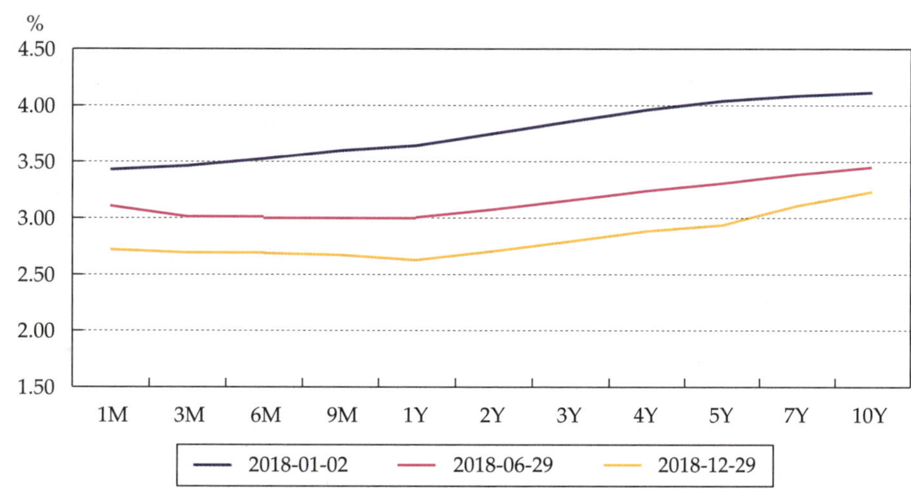

数据来源：中国外汇交易中心。

图8-9 2018年IRS-FR007收盘曲线走势

3. 1年以上成交占比上升，参考利率仍以FR007为主

从期限结构看，1年及以下品种成交占比70.6%，占比较上年下降约6.3个百分点，1~5年品种成交占比14.4%，占比较上年上升约7.4个百分点，5年及以上品种成交占比15.0%，占比较上年下降1.1个百分点；从参考利率看，以FR007为浮动端参考利率的交易占比79.35%，以Shibor为浮动端参考利率的交易占比19.1%，以其他利率为浮动端参考利率的交易占比1.6%，占比结构与上年接近。

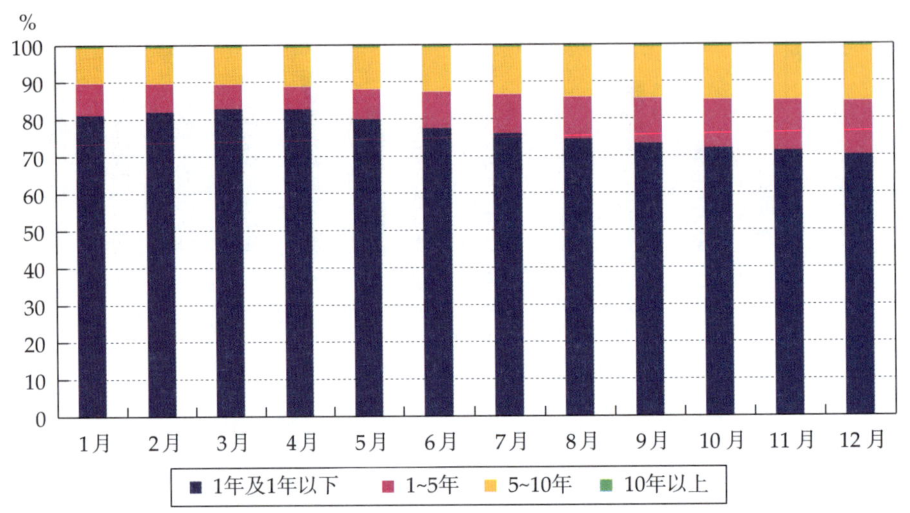

数据来源：中国外汇交易中心。

图8-10　2018年人民币利率互换期限结构

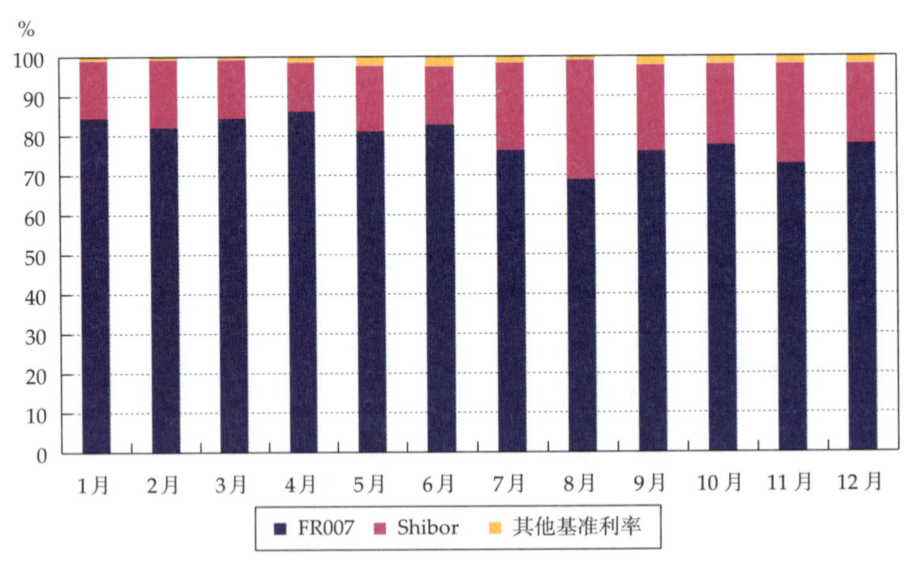

数据来源：中国外汇交易中心。

图8-11　2018年人民币利率互换参考利率结构

（三）人民币利率衍生品市场创新与制度建设

1. 利率互换交易平台性能提升

利率互换匿名点击业务（X-Swap）能够有效提升市场交易效率和价格发现功能，自推出以来受到市场广泛认可，2018年 X-Swap在利率互换业务中的占比达到55%，是市场主流交易方式。2018年，中国外汇交易中心着力改善X-Swap业务系统性能，处理能力从原来的50笔/秒提升至1 000笔/秒，系统改进后日均订单量提升40%，较好支持了市场机构的量化策略和自动化交易需求。

2. 推出重置风险管理服务，交易后服务体系进一步完善

2018年，为有效管理衍生品重置风险、促进市场更好发展，中国外汇交易中心与上海国际货币经纪有限责任公司合作推出重置风险管理服务。重置风险管理服务由中国外汇交易中心提供风险计算支持，属于衍生品冲销服务的应用延伸；上海国际货币经纪有限责任公司负责组织市场机构进行多边匹配，通过新增反向交易对原有的错配现金流进行精准对冲，在不变动客户风险敞口的前提下，抵消由于风险敞口或交易结构不完全匹配而产生的风险，降低交易组合因未来参考价格变动带来的损益波动。

（四）人民币利率衍生品市场发展展望

2019年，利率衍生品市场有望继续保持增长态势。市场参与者将继续丰富，交易自动化在市场参与者中的运用范围将更加广泛，同时适时研究推出利率期权和长期限利率互换产品，探索标准利率互换纳入集中清算，并进一步完善中央对手清算机制的配套政策。

四、人民币信用衍生品市场

（一）人民币信用衍生品市场的运行情况

2018年，信用风险缓释工具（CRM）市场发展成效显著。创设信用风险缓释凭证（CRMW）54笔，名义本金总计66.55亿元。其中，绝大多数标的债务为民营企业超短期融资券或短期融资券，标的债务发行人主体评级覆盖AAA、AA+和AA。银行间市场达成信用违约互换（CDS）交易51笔，名义本金共计19.46亿元；达成信用风险缓释合约（CRMA）交易2笔，名义本金共计0.41亿元；创设信用联结票据（CLN）2笔，名义本金总计0.60亿元。

2018年，CRM市场参与者队伍显著扩大。截至年末，共有CRM核心交易商49家（含35家银行、13家证券公司、1家信用增进公司），较上年增加15家；CRM一般交易商37家（含5家银行、2家非金融机构、30个非法人产品账户），较上年增加16家；CRMW创设机构43家（含32家银行、10家证券公司、1家信用增进公司），较上年增加18家；CLN创设机构41家（含30家银行、10家证券公司、1家信用增进公司），较上年增加15家。

（二）人民币信用衍生品市场创新与制度建设

1. CRMW在支持民营企业债券融资中发挥重要作用

为落实中央支持民营企业发展的重大决策，在人民银行指导下，2018年10月以来交易商协会积极推动信用风险缓释凭证（CRMW）市场创新发展。一是CRMW创设发行引入簿记建档机制。簿记建档是一种国际通行的市场化发行方式，已在企业债、债务融资工具等信用产品发行中得到广泛运用。CRMW创设过程中引入簿记建档机制，改变了以往创设机构经一对一询价后直接定价的方式，不仅有助于提升CRMW发行定价的市场化水平，还有助于提升市场透明度和定价合理性，吸引更多潜在投资者积极参与。二是创新推出CRMW与标的债务同步发行机制。在标的债务发行时同步创设CRMW，使投资人可以通过购买“CRMW+标的债务”组合有效管理信用风险敞口，提升信用风险偏好，并进一步矫正部分金融机构非理性规避民营企业的“羊群效应”，缓解民营企业融资难问题。三是CRMW联合创设机制。债券主承销商和信用增进机构联合创设CRMW，可在为CRMW投资者提供“双保险”服务的同时，充分发挥联合创设机构双方的业务专长，加强风险识别，促进CRMW科学定价。初步来看，通过CRMW支持民营企业融资已取得多方共赢的良好开局：企业顺利发行债券融资，融资难问题得到一定缓解；主承销商快速完成债券销售，有效维护客户关系；创设机构获得保费收入，进一步扩大市场影响力；投资者通过持有“CRMW+标的债务”组合提前锁定预期收益，进一步丰富投资品种，并有效控制信用风险敞口。2018年10~12月，银行间市场共创设52只以民企债券为标的债务的信用风险缓释凭证，支持35家民营企业发行债务融资工具，债券融资总额达219.20亿元。

2. 自律管理取得新进展

在资质备案方面，进一步优化一般交易商的备案事项。2018年10月，为进一步完善CRM试点业务自律管理制度，促进试点业务规范健康发展，交易商协会明确了金融机构成为一般交易商的备案材料要求，同时允许作为一般交易商的市场参与者在首次开展CRM业务后30个自然日内提交备案材料。年内，共有5家金融机构备案成为一般交易商，并积极参与CRMW投资交易。在交易备案方面，全面推进CRM全环链业务线上化。2018年，CRM市场信息化建设稳步推进，顺利实现CRMW创设备案线上化操作。至此，凭证类产品（含CRMW和CLN）的创设备案及合约类产品（含CRMA和CDS）的交易后备案均已实现线上化。在便利市场成员、提高市场效率的同时，也有助于强化CRM市场全环链业务管理，促进市场平稳健康发展。

3. 市场基础设施建设不断完善

第一，CDS尝试报价业务平稳运行。自2017年8月起，交易商协会组织部分CRM核心交易商对不同评级参考实体的CDS合约进行尝试报价，并实现线上化运行。为进一步规范CDS尝试报价业务，完善CDS定价估值体系，2018年交易商协会根据市场成员意见，组织修订了《银行间市场信用违约互换尝试报价方案》。CDS尝试报价业务平稳运行，一定程度上满足了部分参与者对产品流动性及定价估值等方面的需求。第二，CDS集中清算机制正式建立。2018年1月末，上海清算所正式开展CDS集中清算业务。CDS集中清算业务的推出，填补了上海清算所信用类衍生品中央对手方清算业务空白，有助于提高清算效率、降低交易对手方风险，并进一步增加市场透明度，是中国落实G20匹兹堡峰会承诺、推动场外衍生品交易集中清算的重要举措之一。第三，CRMW定价估值方法更加丰富和完善。为促进CRMW市场化定价，中债金融估值中心、北京金融资产交易所和上海清算所先后分别向市场参与机构提供CRMW估值信息。鉴于国际金融市场上的信用衍生品定价通常使用风险中性违约率模型，结合当前银行间市场CRMW产品的基本条款设计，北京金融资产交易所采用二叉树数学模型对CRMW进行定价估值，以便较好兼顾定价估值的精确性和未来复杂产品定价的延续性和一致性。上海清算所主要根据简约化模型提供CRMW估值服务，其中假设违约风险服从泊松过程，通过违约强度计算生存率及违约概率，对期望现金流进行贴现计算，得到CRMW的估值。

（三）人民币信用衍生品市场发展展望

2019年，将进一步明确信用衍生品缓释资本的相关要求，推广信用风险缓释工具系列产品，促进信用风险的准确定价，完善债券市场信用风险定价机制。信用衍生品市场流动性有望逐步提高，吸引更多投资者，进一步支持民营企业债券融资，并有效改善市场预期。

五、汇率衍生品市场

（一）汇率衍生品市场的运行情况

2018年，银行间汇率衍生品成交17.3万亿美元，同比增长23.7%，其中远期成交953亿美元，同比下降14.1%，掉期成交16.5万亿美元，同比增长23.0%，货币掉期成交658.1亿美元，同比增长15.1%，期权成交0.6万亿美元，同比增长64.6%。汇率衍生品在银行间外汇市场占比（不含外币拆借）从上年的68.3%进一步提升至69.1%，与国际外汇市场即期与衍生品市场交易量1：2的格局已基本一致。

2018年，银行间汇率衍生品参与主体继续扩大，人民币外汇远期、掉期、货币掉期和期权会员数分别达到212家、207家、175家和124家，较上年年末分别增加18家、15家、12家和8家。

（二）汇率衍生品市场运行的主要特点

1. 本外币利差收窄，美元掉期曲线下移

2018年年初，市场人民币资金比较紧张，境内美元宽松，人民币与美元利差维持在2.25%的高位。美元兑人民币掉期点延续2017年12月以来的上升行情，1年期掉期点最高上触1 200bps。随后，在资金宽松、监管放缓、央行维稳等多重利好下，长端人民币利率债收益率开始下行，长短掉期买盘需求开始减弱，1年期掉期点逐步回落。伴随着中美贸易逆差升级和美元走强，人民币在6月中旬开启了一轮快速贬值行情。在资金利差和债券利差同步走低的推动下，掉期点快速回落，并在7月底转为贴水。8月中旬到年底，掉期点在-300bps到100bps之间宽幅震荡。

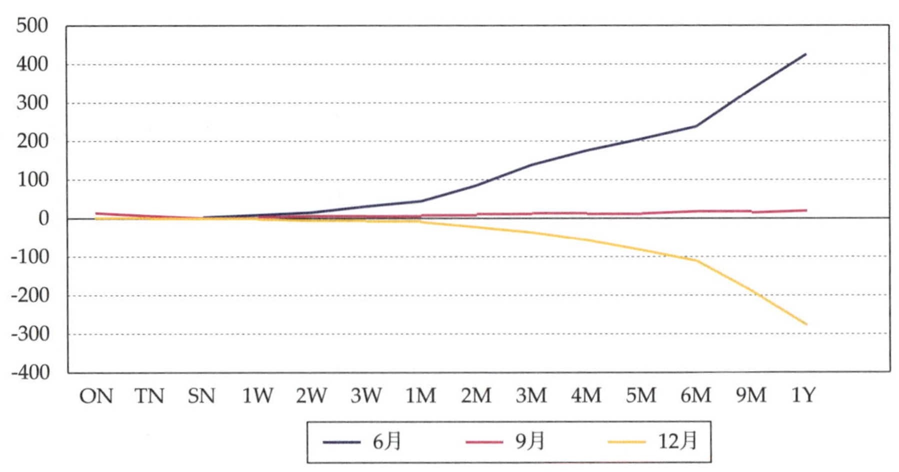

数据来源：中国外汇交易中心。

图8-12 2018年外汇掉期曲线

2. 外汇期权波动率较大，呈现双向宽幅震荡态势

2018年年初，伴随着美元指数走低，人民币即期汇率经历了一波快速升值，动荡的即期市场叠加年初期权流动性不佳，使得市场波动率买盘强烈，期权波动率上升至年内高位。随着美元指数止跌回升，人民币即期汇率市场进入相对稳定期，期权波动率也逐渐回落。6月中旬后，在中美贸易摩擦引发的外部形势恶化的催化下，人民币快速贬值，外汇期权波动率随之走高，1年期平价隐含波动率达到年内最高点5.53。8月后，人民币汇率逐步进入稳定期，期权隐含波动率短期下调后仍维持在年内高位震荡。

（三）汇率衍生品市场创新与制度建设

1. 推出外币对货币掉期、新增货币掉期本金交换

货币掉期方面，新增澳元对人民币货币掉期交易；增加本金交换形式，支持本金摊销、倒起息、自定义计息周期、计息付息分离、残端处理优化等功能。

2. 推出外汇期权Excel报价工具

期权方面，推出外汇期权Excel报价工具，弥补手工报价不足；中国外汇交易中心自主研发的期权定价引擎正式上线使用，并推出自定义波动率曲面、期权费后置等功能。

3. 进一步完善C-Trade功能

远期和掉期C-Trade功能进一步完善，新增首席交易员、双击直接成交、期差订单自动生成、滑点控制、自定义工作区等功能。

4. 推出外汇衍生品协商交易功能

推出外汇衍生品协商交易功能。协商交易功能指在询价交易模式下，由一方发起完整交易要素，另一方可选择拒绝或确认，确认则达成交易。协商交易可以通过新平台直接达成或通过即时通信工具与平台直连，也可通过货币经纪与新平台直连。目前外汇衍生品协商交易功能支持人民币外汇期权、货币掉期、外币对货币掉期和外币利率互换交易，后续将扩展到其他外汇衍生品交易。

（四）汇率衍生品市场发展展望

2019年，境内美元流动性可能会收紧，掉期点可能进一步回落。人民币汇率走势可能重回双向波动，期权波动率曲面将重归微笑曲线。市场建设方面，将分步研究实现外币利率互换市场流动性优化方案及外汇衍生品的协商交易功能，并通过即时通信工具支持与货币经纪服务连通。

六、场外大宗商品衍生品市场

（一）场外大宗商品衍生品市场的运行情况

上海清算所大宗商品衍生品中央对手清算业务已覆盖能源、化工、黑色金属、有色金属、航运和碳排放六大行业，包括13类大宗商品衍生品。得益于产品的快速创新，上海清算所2018年大宗商品衍生品清算合约数（按月拆、单边）31.18万张，清算金额累计达到517亿元，同比上升8.5%。市场参与客户数量较上年新增141家，达到713家。

从清算量分布看，全年清算的主要产品集中在化工类衍生品，清算量占总清算量的82.3%，电解铜掉期清算量占比10.4%，铁矿石掉期清算量占7.3%。

从价格走势来看，人民币乙二醇掉期全年价格震荡上升；人民币苯乙烯掉期价格持续下降；人民币甲醇掉期、电解铜掉期价格稳定，略有下降；人民币铁矿石掉期价格基本稳定，总体虽略有下降，但在上半年出现过几次价格大幅、显著上升；人民币普氏指数铁矿石掉期价格震荡；人民币动力煤掉期全年价格保持稳定。

（二）场外大宗商品衍生品市场创新与机制建设

1. 产品序列进一步完善

2018年，上海清算所继续推动和完善以中央对手清算机制为核心的场外大宗商品衍生品清算平台建设，持续推动产品创新，完善产品序列。1月8日，推出人民币乙二醇掉期中央对手清算业务；4月2日，推出人民币甲醇掉期中央对手清算业务；5月7日，推出人民币普氏指数铁矿石掉期中央对手清算业务。

2. 场外大宗商品衍生品协会首发自律标准，向国际自律组织标准靠拢

上海场外大宗商品衍生品协会在2018年年初发布了五项场外大宗商品衍生品市场基础性自律规范和统一标准，包括经纪业务自律准则、经纪服务协议范本、风险提示书范本、交易自律准则等。自律准则和统一标准的发布契合市场需求，有效促进场外大宗商品衍生品经纪和交易的规范化发展，切实保护市场参与机构的合法权益，体现了中国场外大宗商品衍生品市场的自律管理组织已逐步向国际自律组织标准靠拢，对提高中国在全球大宗商品市场中的影响力和竞争软实力具有重要意义。

（三）场外大宗商品衍生品市场发展展望

2019年，场外大宗商品衍生品市场将持续创新，不断完善现有产品序列和业务机制。进一步提升中央对手方清算服务能力，推动场外大宗商品衍生品清算平台建设。加速布局场外大宗商品衍生品市场，不断扩容市场规模，场外交易承接能力将显著提高。

专题十　上期标准仓单交易平台顺利上线

2014年上海自贸区建设提出面向全球的大宗商品资源配置与交易中心，2016年上海市政府和自贸区提出建设高能级要素市场，积极支持上期所开展大宗商品市场“期现联动”试点建设。党的十九大提出“增强金融服务实体经济能力，促进多层次资本市场健康发展”。上期所贯彻落实党中央、中国证监会和上海市政府决策，实施“一主两翼”发展战略，设立期现结合的上期标准仓单交易平台，建设世界一流交易所。平台于2018年5月28日正式上线，推出标准仓单交易业务，以铜、铝期货品种为试点，10月18日扩容铅、锌、锡、镍品种，市场平稳运行，交易日趋活跃，实体企业积极参与，服务实体企业经济的功能逐步发挥。

一、建设上期标准仓单交易平台的意义

上期标准仓单交易平台是上期所依托现有期货交易、结算、交割、风险控制、仓单管理和仓储体系成功运行20多年的经验，利用“物联网”和“互联网”技术，打造期现结合的大宗商品开户、交易、结算、交收、风险管理一站式服务的综合性平台，以标准仓单交易为起步，以有色金属期货为试点，逐步拓展至上期所已上市期货品种，逐步拓展至非标仓单交易和场外期权、掉期等场外衍生品，建设多层次大宗商品市场体系。平台建设是上期所服务实体经济发展、促进上海五个中心建设和深化长三角地区金融合作的重要举措。

首先，平台建设进一步丰富上海核心金融与贸易要素市场，实现大宗商品现货市场和期货市场协同发展，建设大宗商品流通领域新兴业态发展趋势下的高能级市场，有利于促进上海“五个中心”建设，有利于落实“进一步扩大开放100条举措”，有利于深化长三角地区金融合作。

其次，平台建设有利于防控金融市场风险和规范大宗商品市场流通秩序。2018年政府工作报告提出了“规范金融市场秩序，防范化解重点领域风险，守住不发生系统性风险底线，维护国家经济金融安全”。这客观上需要上期所建设一个“规范、透明、公正”的标准仓单交易平台，防范2012年华东钢贸、2014年青岛港有色金属等风险事件，示范与规范大宗商品市场流通与交易秩序。

最后，平台建设打通期货市场服务实体经济发展的“最后一公里”，有利于增强中国大宗商品市场的全球定价话语权。开展仓单交易，解决期货市场标准化服务实体经济个性化需求过程中存在的“期现不匹配、时间不匹配、地点不匹配、品级与规格不匹配”等若干痛点问题，提高了期货市场的运行质量，拓宽期货市场服务实体经济发展的深度与广度。

二、上期标准仓单交易平台运行情况分析

（一）平台平稳运行，市场稳步发展

2018年平台累计成交177 997张仓单，其中：铜17 663张、铝142 384张、铅14张、锌819张、锡5 040张、镍12 077张；累计成交量410.89万吨，其中：铜44.16万吨、铝356.44万吨、铅0.04万吨、锌2.05万吨、锡1.01万吨、镍7.19万吨；累计成交金额804.18亿元，其中：铜218.51亿元、铝498.94亿元、铅0.07亿元、锌4.60亿元、锡14.80亿元、镍67.26亿元（单边统计）。

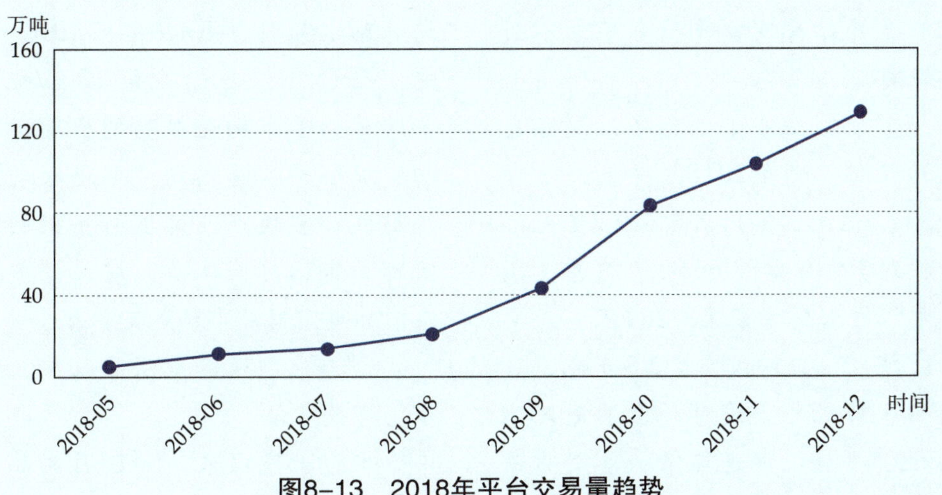

图8-13　2018年平台交易量趋势

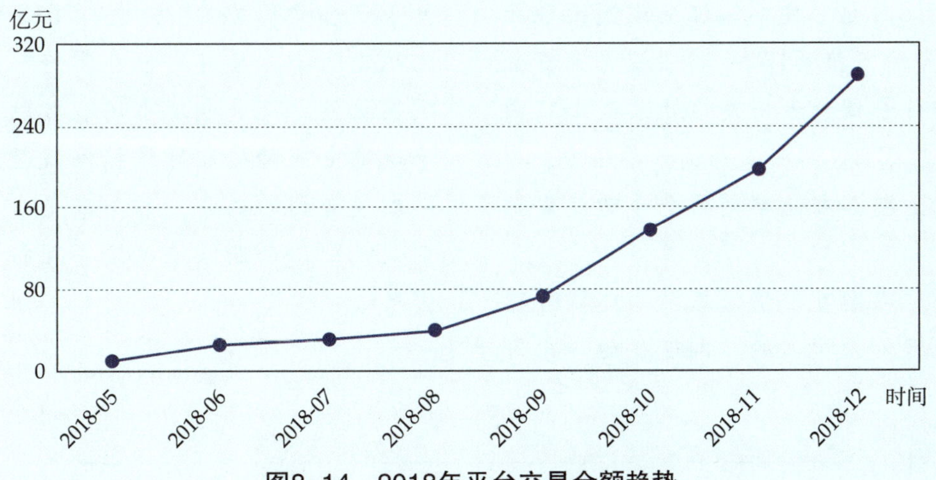

图8-14　2018年平台交易金额趋势

（二）仓单交易价格与期现市场价格紧密互动，相关性高

通过对比铜、铝仓单交易价格日均价与对应品种的期货市场交割月份每日结算价格、上海有色网现货报价，铜仓单交易价格与期货、现货市场价格的相关系数分别为99.58%、99.62%，铝仓单交易价格与期货、现货市场价格的相关系数分别为99.44%、98.17%，能够及时反映市场供需的变化情况。

（三）企业参与较积极，长三角为主体投资者结构较合理

申请开户的交易商共计401家，完成交易商签约296家，其中有色金属企业占比约22.1%，贸易商占比约63.2%，期货风险管理公司占比约14.7%。从地区分布来看，中

请开户的交易商分布在23个省份及地区，尤其以长三角地区最多，总计278家，占比约70%。

（四）交易结算交割平稳有序，不断优化业务规则

交易结算交割业务平稳有序，没有发生一例风险事件。截至2018年年底，平台累计入金332.0亿元，累计出金329.7亿元；平台累计收到卖方发票52 655张、发票金额799.64亿元，寄出买方发票8 264张、发票金额803.17亿元。日均成交量2.8万吨，日均成交金额5.47亿元。同时，为了更好地服务实体经济发展，促进标准仓单交易服务功能有效发挥，对交易结算规则进行优化，10月18日起，发票保证金比例由货款的20%调整为货款的17%，降低交易商资金成本，每月增值税专用发票开票截止日由20日调整为23日，降低交易商开票压力。

三、上期标准仓单交易平台功能发挥情况

（一）以期货价格为基准、现货升贴水市场化报价为核心的“期现联动”定价方式初步形成

据统计，铝仓单成交集中的上海、湖州、无锡、常州、苏州、南通等地区的平均升贴水分别为-5元/吨、-10元/吨、-2元/吨、-3元/吨、-8元/吨和-13元/吨。地区和品牌升贴水市场化机制的出现，有利于推动更加公平、透明的“期现联动”定价方式形成，实现产业价格引导机制，完善大宗商品市场定价体系，建立“中国价格”在国际大宗商品市场的定价权。

（二）期现基差明显收敛，促进期现市场有效结合

平台上线以来，5~12月铝品种期现基差平均为-30元/吨，不仅较2017年同期基差-127元/吨明显缩小，也与2018年1~4月相比明显缩小，且稳定性非常好。期现基差明显收敛，促进期现市场有效结合，有利于现货企业对接期货端精准规避风险，提供期现套利的机会，并与期货市场的每月交割机制、套期保值风险管理机制形成紧密互动。

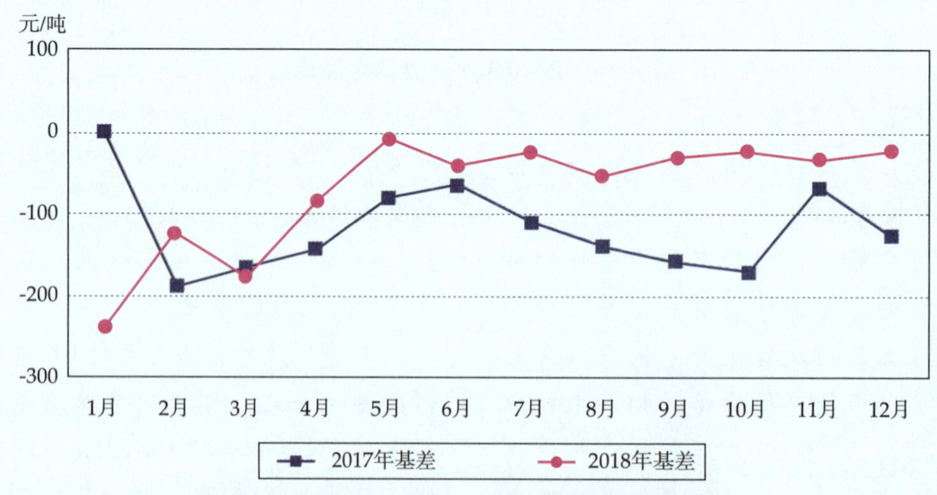

图8-15 2017—2018年铝品种期现基差情况

（三）加快标准仓单流转，提升仓单资源配置效率，增加期货市场交割量

仓单流转的速度明显加快，盘活了沉淀的库存仓单，提升了仓单资源配置效率。以上海地区某大型国有期货交割仓库为例，平台上线以后，每月仓单过户量节节攀高，从6月37 654吨、7月31 242吨、8月51 279吨持续上升至9月78 101吨、10月136 361吨、11月167 915吨。2018年5~12月平台仓单交易商在期货市场的交割量同比增长率约为105%，标准仓单交易显著促进了期货市场实物交割的增加。

（四）拓宽原材料采购与产品销售渠道，创新企业贸易模式

业内重要产业链企业充分肯定了标准仓单交易业务是期现结合的重要创新，对实体企业发展具有促进作用，一是实现仓单串换与调配，节省调配成本，完成库存战略布局；二是拓宽产业链企业贸易模式和业务范畴；三是满足有色金属产业企业生产经营的连续性需求，降低风险；四是成为实体企业产品销售与原材料采购的补充渠道。

（五）助力企业创新开展新业务，服务实体企业发展

上期标准仓单交易平台的推出，为产业链上下游企业开展仓单串换、期现套利、地区套利、品牌套利、基差交易、拓展购销渠道、仓单融资等各项期现结合业务提供了广阔的空间。

四、未来发展规划

上期标准仓单交易平台建设是一项创新性、长期性、系统性工程，上期所将在中国证监会、上海市政府等相关部门的大力支持下，努力做好以下工作，不断提高平台服务实体经济发展的功能：一是根据市场成熟条件，分阶段稳步扩大标准仓单交易品种。二是不断丰富业务模式，增强业务功能。三是积极开展非标仓单交易和场外期权、掉期等场外衍生品的可行性研究。四是以平台为依托，进一步加强期现结合，深化长三角地区金融合作，促进长三角经济一体化。

专题十一 中国原油期货上市，显现国际影响力

2018年3月26日，原油期货在上期所全资成立的上海国际能源交易中心（以下简称上期能源）正式上线运行，这是中国资本市场各方深入学习贯彻习近平新时代中国特色社会主义思想和党的十九大精神的务实举措，是探索期货市场对外开放的有效尝试，也标志着上海国际金融中心建设迈出新的重要步伐。

一、中国原油期货上市的意义

建设原油期货市场是服务实体经济发展的客观需求。中国是全球原油第二大消费国和第一大进口国，消费需求约70%依靠进口，但石油价格被动、单向依赖境外市场价格。建设原油期货市场，可以客观全面地反映中国及亚太地区的供需关系，弥补现有国际原油定价体系的缺口，建立反映中国及亚太石油市场供求关系的价格体系。自2001年起，中国原油期货市场建设的探索即已起步。

建设原油期货市场是积极推进期货市场对外开放，建设现代化经济体系的客观要求。党的十九大提出要建设现代经济体系、发展更高层次的开放型经济、形成全面开放新格局的要求，这为期货行业转型发展指明了方向。原油期货是中国期货市场改革开放的试点，稳步推进期货市场国际化步伐，是基于中国现实国情和进一步改革开放的客观需要，是实现金融行业更高层次、更深程度对外开放，构建现代化经济体系的有效途径。

建设原油期货市场是依托自贸试验区发展创新，助推上海国际金融中心建设的关键一步。在上海上市原油期货，依托自贸试验区发展创新的政策红利，一方面将进一步丰富上海金融核心要素市场，补齐上海金融领域改革创新的短板弱项，完善上海金融市场体系；另一方面也将发挥好期货市场深化改革、对外开放的窗口和平台作用，不断增强上海国际金融中心的辐射力和全球影响力，助推上海国际金融中心建设。

二、原油期货的主要做法

（一）确定“国际平台、净价交易、保税交割、人民币计价”的国际性原油期货市场方案

石油产业自身具备高复杂性，其高质量发展面临很多深层次问题与痛点，加上近年来国际石油市场动荡加剧、国内原油市场参与主体缺乏等，为了取得最大程度的各方共识，得到各方面的广泛支持，经过多年研究和综合考量，原油期货最终确立了“国际平台、净价交易、保税交割、人民币计价”的基本思路。“国际平台”即交易国际化、交割国际化和结算环节国际化；“净价交易”就是计价为不含关税、增值税的净价；“保税交割”就是依托保税油库，进行实物交割；“人民币计价”就是采用人民币进行交易、交割，接受美元等外汇资金作为保证金使用。

（二）完善相关政策，消除制度障碍，奠定原油期货上市基础

原油期货在上市推进过程中，得到

了证监会、国家发展改革委、能源局以及外交部、司法部、财政部、商务部、人民银行、国资委、海关总署、国家税务总局、港澳办、银保监会、外汇局等国务院相关部门和上海市政府的大力支持，并研究出台了完整的原油期货对外开放的制度框架和法规体系。主要有《关于原油和铁矿石期货保税交割业务增值税政策的通知》《境外交易者和境外经纪机构从事境内特定品种期货交易管理暂行办法》《做好境内原油期货交易跨境结算管理工作的公告》《关于境外交易者和境外经纪机构从事境内特定品种期货交易外汇管理有关问题的通知》《关于开展原油期货保税交割业务的公告》《质检总局关于做好期货原油检验监管工作的公告》《关于支持原油等货物期货市场对外开放税收政策的通知》等。这些政策的出台，为原油期货的上市奠定了坚实的基础。

（三）四种模式引入境外参与者，建立中央对手方机制，积极推动境外注册及推广，引入做市商制度等

原油期货建立了一套既符合中国市场监管制度要求，又吸收国际市场通行惯例的规则体系，并据此设计了四种境外参与模式，一是境内期货公司会员直接代理境外客户参与原油期货；二是境外中介机构接受境外客户委托后，委托境内期货公司会员或者境外特殊经纪参与者（一户一码）参与原油期货；三是境外特殊经纪参与者接受境外客户委托参与原油期货（直接入场交易，结算、交割委托期货公司会员进行）；四是作为上期能源境外特殊非经纪参与者，参与原油期货。

同时，采纳国际通行做法，作为中央对手方，上期能源在期货交易达成后介入期货交易双方，成为所有买方的卖方和所有卖方的买方，以净额方式结算，为期货交易提供集中履约保障。另外，为了增强境外投资者参与交易的信心，上期能源于2018年3月15日完成了香港自动化交易服务（ATS）注册，又于2018年11月15日完成了新加坡认可的市场经营者（RMO）注册，与此同时，上期所也已在新加坡设立了境外办事处，今后还将在迪拜、香港等地设立境外办事机构，以便于更好地推进原油期货的境外推广。针对原油期货上市初期的交易和持仓均集中在一个合约，品种的主力合约连续性以及非季月合约的市场参与度有待进一步提升的情况，上期能源引入做市商机制，有效提升了后续合约的活跃度，目前已经初步形成了主力合约近月连续换月的态势。

三、原油期货运行情况

（一）交易平稳，市场规模稳步增加

截至2018年12月28日，共计189个交易日内，历经多个重大节假日，以及国际油市价格单向大幅度下跌等重大变化，原油期货总体呈现出“交易平稳、结算流畅、交割顺利、监查严格、风控到位、舆论正面、功能初步显现”的良好态势。期间累计总成交量近2 700万手（单边，下同），日均成交量超过14万手，日最高成交量突破35万手；累计总成交额超12万亿元，多个交易日成交额破千亿元；期末持仓量近3万手。从数据看，已经远超国际主要交易

所原油期货发展初期的水平，也已远超迪拜商品交易所（DME）、东京工业品交易所（TOCOM）等交易所原油期货的现有水平。

（二）境内外客户积极参与，市场结构持续优化

截至2018年12月28日，原油期货开户数量已经超过3.7万个，较上市初期数量翻番。在这其中，作为第一个国际化的品种，境外客户积极参与，目前的开户绝对数只占不到1%的水平，但交易量已经占到10%左右，持仓量占到15%甚至25%，且境外客户的分布已经包括中国香港、中国台湾、新加坡、英国、美国等地。随着中国香港ATS资格和新加坡RMO资格的获批，预计引入境外参与者的速度会进一步加快。另外，原油期货的机构客户占比相对较高，已经成为稳定市场的中坚力量。从持仓量来看，个人持仓占比大概40%，特定法人和一般法人各30%左右。从合约月份结构看，交易集中在一个月份的状况大为改善。上市初期原油期货的交易量集中在SC1809单个月份的合约上，但从10月20日实行做市商制度以来，主力合约从SC1812顺利转到了SC1901，而且SC1902、SC1903也有了一定交易规模。市场结构不断优化，有利于更好地满足实体企业参与的要求。

（三）交割顺利，服务实体经济能力初显

2018年原油期货的交割顺利，过程平稳有序，交割主体类型丰富。截至2018年12月28日，原油期货共完成了4次实物交割，交割总量284.9万桶，共计人民币12.17亿元，包含阿曼苏丹国阿曼原油和伊拉克共和国巴士拉轻油两个油种，涉及3家指定交割仓库的3个存放点。实物交割的买卖主体包括国有石油公司、一般贸易公司、期货公司风险管理公司等多种类型。交割多次顺利完成，给市场吃了定心丸，为品种的持续活跃和走向成熟提供了更为可靠的市场基础和经验。

（四）国际市场给予原油期货客观正面的评价

2018年9月20日，英国的期货期权世界杂志（FOW）给上海原油期货授予了“2018年度亚洲地区最佳新上市衍生品合约奖”；2018年12月，FOW再次授予上海原油期货“2018年度最佳新上市衍生品合约奖”。同时，国际能源署（IEA）、石油输出国组织（OPEC）等国际机构也都对上海原油期货高度关注，并进行了客观公正的评价。

（五）原油期货的价格已经被现货企业采用作为现货的计价基准

2018年3月下旬，壳牌与联合石化签署了为期一年的原油贸易合同，从2018年9月至2019年8月执行。这是第一笔用上海原油期货做基准价计价交易的现货原油贸易，消息披露后引起了境内外广泛关注。10月中旬，联合石化出售了35万桶以上海原油期货合约作为计价基准的原油现货，买方为山东独立炼厂山东京博石油化工有限公司，计价方式为12月上海原油期货合约价格加上升贴水，这是中国石油市场首次使用上海原油期货合约作为现货贸易计价基准。

附录一　2018年中国金融市场发展大事记

1月2日，上海黄金交易所正式启动白银询价交易业务。

1月4日，银监会发布《关于印发衍生工具交易对手违约风险资产计量规则的通知》（银监发〔2018〕1号），大幅提高了衍生工具资本计量的风险敏感性。

1月5日，人民银行发布《关于进一步完善人民币跨境业务政策促进贸易投资便利化的通知》（银发〔2018〕3号）。

1月5日，首单“一带一路”公募熊猫公司债在深圳证券交易所上市发行。

1月5日，银监会发布《商业银行委托贷款管理办法》（银监发〔2018〕2号），明确委托贷款资金不得从事债券、期货、金融衍生品、资产管理产品等投资，不得用于股本权益性投资或增资扩股等。

1月8日，保监会、财政部联合发布《关于加强保险资金运用管理　支持防范化解地方政府债务风险的指导意见》（保监发〔2018〕6号），鼓励保险机构购买地方政府债券，并严禁违法违规向地方政府提供融资，不得要求地方政府违法违规提供担保。

1月11日，中国外汇交易中心发布《银行间外汇市场区域交易准入指引（试行）》，明确银行间外汇市场区域交易的申请条件、申请材料和准入流程等事宜。

1月19日，国家发改委、人民银行、财政部、银监会、国资委、证监会和保监会等七部委联合发布《关于市场化银行债权转股权实施中有关具体政策问题的通知》（发改财金〔2018〕152号）。

1月24日，国家开发银行通过南京银行柜台等渠道发售金融债券，政策性金融债首次登陆城市商业银行柜台，拓展了社会公众稳健投资渠道。

1月24日，中国外汇交易中心发布《关于推出外币对货币掉期、人民币对澳元货币掉期交易等业务的通知》（中汇交发〔2018〕33号），并定于2月5日正式推出外币对货币掉期交易、增加人民币对澳元货币掉期交易，进一步优化货币掉期业务功能。

1月29日，15森工集MTN001永续债不行使赎回权，成为首只利率跳跃的永续债。

1月30日，上海清算所正式开展信用违约互换集中清算业务。信用违约互换集中清算业务的推出标志上海清算所将中央对手方清算拓展至信用衍生品领域，实现对利率、汇率、大宗商品和信用的衍生品中央对手方清算全覆盖。

1月30日，国内首单美元ABS——华泰资管—中飞租一期资产支持专项计划在上海证券交易所正式挂牌，弥补了ABS产品以外币计价的空白。

2月1日，保监会发布《保险经纪人监管规定》（保监会令〔2018〕3号），强化对保险经纪公司股东的审查，促进保险经纪专业化和规范化经营，保护保险消费者权益，并于5月1日起施行。

2月2日，上海清算所正式推出跨境外汇即期交易中央对手清算业务，标志着上海清算所将中央对手方清算拓展至跨境外汇领域，实现了中国跨境外汇交易清算基础设施建设的新突破。

2月8日，发改委办公厅和财政部办公厅联合发布《关于进一步增强企业债券服务实体经济能力 严格防范地方债务风险的通知》（发改办财金〔2018〕194号），进一步发挥企业债券直接融资功能，严格防范地方债务风险。

2月11日，证监会发布《养老目标证券投资基金指引（试行）》（证监会公告〔2018〕2号），支持公募基金行业服务个人投资者养老投资。

2月13日，银监会发布新修订的《中国银监会外资银行行政许可事项实施办法》（银监办发〔2018〕45号），最大限度减少行政许可事项，简化许可流程，提高银行业金融机构展业的便利性，促进中外资银行市场准入标准进一步统一。

2月24日，财政部发布《关于做好2018年地方政府债务管理工作的通知》（财预〔2018〕34号），要求地方财政部门严格落实属地管理责任，将防范化解地方政府债务风险作为当前财政管理工作的重中之重。

2月26日，中国银行澳门分行成功发行40亿元离岸人民币债券"莲花债"，这是澳门首次发行离岸人民币债券。

2月27日，人民银行发布公告〔2018〕第3号，对银行业金融机构发行资本补充债券的行为进行规范。

2月28日，银监会发布《关于调整商业银行贷款损失准备监管要求的通知》（银监发〔2018〕7号），将拨备覆盖率监管要求由150%调整为120%~150%，贷款拨备率监管要求由2.5%调整为1.5%~2.5%。

2月28日，上海黄金交易所修订并公布《银行间黄金询价市场做市商管理办法》，引导银行间黄金询价做市商继续提升做市水平。

3月1日，财政部和住房城乡建设部联合发布《试点发行地方政府棚户区改造专项债券管理办法》（财预〔2018〕28号），进一步完善地方政府专项债券管理，规范棚户区改造融资行为。

3月1日，证监会发布《上市公司创业投资基金股东减持股份的特别规定》（证监会公告〔2018〕4号），明确对专注于长期投资和价值投资的创业投资基金减持上市公司首次公开发行前股份，给予差异化政策支持。

3月2日，沪深交易所制定并发布《关于开展"一带一路"债券试点的通知》（上证发〔2018〕8号、深证上〔2018〕93号），引导交易所债券市场进一步服务"一带一路"建设，促进沿线国家（地区）的资金融通，深化交易所债券市场对外开放。

3月5日，首单境内上市公司"一带一路"公司债在深圳证券交易所发行。发行主体恒逸石化募集资金用于在文莱的PMB石油化工项目。

3月14日，人民银行发布《关于加强绿色金融债券存续期监督管理有关事宜的通知》（银发〔2018〕29号），并制定了《绿色金融债券存续期信息披露规范》。

3月18日，国务院办公厅印发《国务院办公厅关于全面推进金融业综合统计工作的意见》（国办发〔2018〕18号）。

3月22日，国务院发布《关于开展创新企业境内发行股票或存托凭证试点的若干意见》（国办发〔2018〕21号），对支持创新企业在境内发行上市作了系统制度安排。

3月26日，原油期货在上海国际能源交易中心上市交易。

3月27日，银行间市场交易商协会发布《银行间债券市场信用评级机构注册评价规则》《非金融企业债务融资工具市场信用评级机构自律公约》及《非金融企业债务融资工具信用评级业务调查访谈工作规程》，切实推动银行间债券市场对外开放，加强信用评级业务自律管理，促进信用评级业务和银行间债券市场健康发展。

3月28日，财政部发布《关于规范金融企业对地方政府和国有企业投融资行为有关问题的通知》（财金〔2018〕23号），进一步督促金融企业加强风险管控和财务管理。

4月2日，银保监会、人民银行等七部委联合发布《关于印发〈融资担保公司监督管理条例〉四项配套制度的通知》（银保监发〔2018〕1号）。

4月8日，中国银行保险监督管理委员会在京揭牌，标志着新组建的中国银行保险监督管理委员会正式挂牌运行。

4月11日，中国证监会、香港证券及期货事务监察委员会同意扩大互联互通每日额度，将沪股通及深股通每日额度分别调整为520亿元人民币，沪港通下的港股通及深港通下的港股通每日额度分别调整为420亿元人民币，进一步完善内地与香港股票市场互联互通机制，自2018年5月1日起生效。

4月12日，人民银行发布《关于证券公司短期融资券管理有关事项的通知》（银市场〔2018〕14号），进一步引导证券公司提高流动性管理水平，促进货币市场健康发展。

4月17日，人民银行决定，自4月25日起下调大型商业银行、股份制商业银行、城市商业银行、非县域农村商业银行、外资银行人民币存款准备金率1个百分点。同日，上述银行将各自按照“先借先还”的顺序，使用降准释放的资金偿还其所借央行的中期借贷便利。

4月17日，银行间市场交易商协会发布《关于意向承销类会员（信托公司类）参与承销业务市场评价结果的公告》，中信信托等六家机构成为首批开展非金融企业债务融资工具承销业务的信托公司。

4月20日，中国结算与深圳证券交易所联合发布《H股“全流通”试点业务实施细则（试行）》，加快推进新时代资本市场改革开放，进一步优化境内企业境外上市融资环境。

4月24日，上海证券交易所与中国结算联合发布《债券质押式三方回购交易及结算暂行办法》（上证发〔2018〕22号）。

4月24日，证监会与住建部联合发布《关于推进住房租赁资产证券化相关工作的通知》（证监发〔2018〕30号），促进住房租赁市场发展。

4月27日，人民银行、银保监会与证监会联合发布《关于加强非金融企业投资金融机构监管的指导意见》（银发〔2018〕107号），规范非金融企业投资金融机构行为，强化对非金融企业投资金融机构的监管，促进实业和金融业良性互动发展。

4月27日，人民银行、银保监会、证监会、国家外汇管理局联合发布《关于规范金融机构资产管理业务的指导意见》（银发〔2018〕106号），规范金融机构资产管理业务，统一同类资产管理产品监管标准。

4月27日，中国外汇交易中心发布《关于推出外币利率互换交易业务的通知》（中汇交发〔2018〕151号），决定于2018年5月2日正式推出美元等六个币种的利率互换交易。

4月27日，中国外汇交易中心发布《关于提供同业拆借夜盘交易服务的通知》《全国银行间同业拆借市场夜盘交易操作细则》（中汇交发〔2018〕149号），于5月1日正式推出同业拆借夜盘交易服务，满足人民币跨境支付系统直接参与者的流动性管理需要。

4月27日，中国银保监会发布《关于放开外资保险经纪公司经营范围的通知》（银保监发〔2018〕19号），明确外资保险经纪公司经营范围与中资一致。

4月28日，证监会发布《外商投资证券公司管理办法》（证监会令〔第140号〕），允许外资控股合资证券公司，批准逐步放开合资证券公司业务范围，并将统一外资持有上市和非上市两类证券公司股权的比例。

5月1日，中国外汇交易中心正式开展同业拆借夜盘交易。

5月2日，银保监会发布《关于规范银行业金融机构跨省票据业务的通知》（银保监办发〔2018〕21号），对银行业金融机构跨省票据业务进行规范。

5月3日，人民银行发布《关于进一步明确人民币合格境内机构投资者境外证券投资管理有关事项的通知》（银办发〔2018〕81号），明确人民币合格境内机构投资者不得将资金汇出境外购汇。

5月4日，银保监会发布《商业银行大额风险暴露管理办法》，明确了商业银行大额风险暴露监管要求。

5月4日，大连商品交易所铁矿石期货正式引入境外交易者。

5月4日，财政部发布《关于做好2018年地方政府债券发行工作的意见》（财库〔2018〕61号），加强地方政府债券发行计划管理，提升地方政府债券发行定价市场化水平。

5月11日，中国证券业协会发布新修订的《非公开发行公司债券项目承接负面清单指引》（2018年修订）。

5月11日，沪深两大证券交易所分别发布了《资产支持证券存续期信用风险管理指引（试行）》，加强资产支持证券存续期信用风险管理。

5月11日，发改委与财政部联合发布《关于完善市场约束机制严格防范外债风险和地方债务风险的通知》（发改外资〔2018〕706号）。

5月16日，国务院国资委、财政部与证监会联合发布《上市公司国有股权监督管理办法》（国务院国资委　财政部　证监会令第36号），强化对上市公司国有股权变动行为的规范。

5月23日，银保监会发布《商业银行流动性风险管理办法》（2018年第3号令），并自2018年7月1日起施行，加强商业银行的流动性风险管理，维护银行体系安全稳健运行。

5月30日，证监会与人民银行联合发布《关于进一步规范货币市场基金互联网销售、赎回相关服务的指导意见》（证监会公告〔2018〕10号），防控货币市场基金业务风险，促进市场规范发展。

6月1日，人民银行宣布适当扩大中期借贷便利（MLF）担保品范围，新纳入担保品范围的有不低于AA级的小微企业、绿色和"三农"金融债券，AA+、AA级公司信用类债券和优质的小微企业贷款和绿色贷款等。

6月6日，首批支持银行间和交易所跨市场上市交易的2018年第九期中国铁路建设债券成功发行，并于6月11日在深圳证券交易所上市交易。

6月7日，证监会发布《存托凭证发行与交易管理办法（试行）》等规章及规范性文件。

6月14日，中国外汇交易中心与中国银行联合发布“CFETS-BOC交易型债券指数”，该指数是银行间市场首只交易型债券指数。

6月19日，人民银行上海总部发布2018年2号公告，简化境外投资者进入中国银行间债券市场投资备案的信息收集和报备要求。

6月20日，中国外汇交易中心、全国银行间同业拆借中心发布了《关于开展债券匿名拍卖业务的通知》（中汇交发〔2018〕192号）。

6月21日，上海保险交易所保险资管专业平台——中保保险资产登记交易系统有限公司正式对外发布首批业务制度，标志着保险资产登记交易制度体系建设迈出关键一步。

6月23日，人民银行、银保监会、证监会、国家发改委、财政部联合发布《关于进一步深化小微企业金融服务的意见》（银发〔2018〕162号），引导金融机构将更多资金投向小微企业等经济社会重点领域和薄弱环节。

6月24日，人民银行宣布通过定向降准支持市场化法治化“债转股”和小微企业融资，从2018年7月5日起，下调国有大型商业银行、股份制商业银行、邮政储蓄银行、城市商业银行、非县域农村商业银行、外资银行人民币存款准备金率0.5个百分点。

6月29日，银保监会发布《金融资产投资公司管理办法（试行）》（2018年第4号令），进一步规范了银行债权转股权业务行为。

7月13日，全国首单民营企业PPP项目专项债券——江苏省美尚生态景观股份有限公司PPP项目专项债券获国家发改委核准批复。

7月13日，深圳证券交易所联合中国结算正式发布《深圳证券交易所　中国证券登记结算有限责任公司债券质押式三方回购交易及结算暂行办法》，进一步完善回购交易机制，相关规则自2018年7月30日起施行。

7月19日，中国外汇交易中心发布《关于推出以境外外币债为抵押品的外币拆借业务的通知》（中汇交发〔2018〕252号），进一步丰富了外币融资工具，满足了境内外币拆借机构的资产负债管理需求。

7月20日，人民银行发布《关于进一步明确规范金融机构资产管理业务指导意见有关事项的通知》（银办发〔2018〕129号），引导社会资金流向实体经济，更好地支持经济结构调整和转型升级。

7月27日，证监会发布《关于修改〈关于改革完善并严格实施上市公司退市制度的若干意见〉的决定》（证监会令〔第146号〕）。

7月30日，财政部发布《地方政府债券公开承销发行业务规程》（财库〔2018〕68号），实行地方政府债券公开承销制度。

8月3日，工银金融资产投资有限公司取得私募股权牌照，这是银行业首家市场化债转股实施机构成立的私募基金公司。

8月3日，为防范宏观金融风险，促进金融机构稳健经营，加强宏观审慎管理，人民银行决定自2018年8月6日起，将远期售汇业务的外汇风险准备金率从0调整为20%。

8月9日，人民银行发布《关于试点开展金融债券弹性招标发行的通知》（银市场〔2018〕141号），进一步完善金融债券发行机制。

8月10日，银保监会发布《中国银保监会办公厅关于商业银行承销地方政府债券有关事项的通知》（银保监办便函〔2018〕1234

号），取消商业银行投资本行所主承地方债券的金额不超过发行量20%的限制。

8月11日，银行间市场交易商协会宣布两单资产支持票据（ABN）债券通成功发行，这是债券通开通后首批成功发行的ABN债券通。

8月14日，财政部发布《地方政府债券弹性招标发行业务规程》（财库〔2018〕74号），决定实行地方政府债券弹性招标制度。

8月15日，证监会发布《关于修改〈证券登记结算管理办法〉的决定》（证监会令〔第147号〕）和《关于修改〈上市公司股权激励管理办法〉的决定》（证监会令〔第148号〕）。

8月17日，工银澳门、澳门国际银行、中银澳门等澳门金融机构，通过境内商业银行，以结算代理模式分销认购了粤港澳大湾区土地储备专项债券50亿元。这是首次由承销团成员将地方债分销给境外机构，也是境外机构首次参与地方债一级市场，促进了地方债投资主体多元化。

8月17日，2年期国债期货品种在中国金融期货交易所成功挂牌上市，标志着我国已基本形成覆盖短中长期的国债期货产品体系。

8月20日，四川省财政厅发行2018年四川省泸县乡村振兴专项债（一期），发行规模5亿元，全国首单乡村振兴专项债正式落地。

8月23日，国家开发银行通过中国人民银行债券发行系统，面向银行间市场采用弹性招标方式增发2018年第十期金融债券，开启金融债券弹性招标发行试点。

8月24日，人民币对美元中间价报价行重启“逆周期因子”，以适度对冲贬值方向的顺周期情绪。

8月24日，证监会发布《外商投资期货公司管理办法》（证监会令〔第149号〕），符合条件的境外投资者可依据相关规定，向证监会提交申请，持有境内期货公司股比不超过51%，三年后股比不受限制。

9月4日，人民银行、证监会发布联合公告〔2018〕第14号，就逐步统一银行间债券市场和交易所债券市场评级业务资质，加强对信用评级机构监管和监管信息共享，推进信用评级机构完善内部制度，统一评级标准，提高评级质量等方面进行了规范。

9月8日，人民银行与财政部联合发布公告，颁布了《全国银行间债券市场境外机构债券发行管理暂行办法》（中国人民银行　财政部公告〔2018〕第16号），统一熊猫债管理机制。

9月12日，经中国人民银行批准，上海黄金交易所正式挂牌熊猫普制金币交易产品。熊猫金币在交易所上市交易打通了我国黄金市场与金币市场的产品通道，将有利于打造我国以中国熊猫金币为标的的集中化、标准化的实物金投资市场，满足投资者多样化的投资需求，有利于发挥我国黄金市场的价格发现功能，丰富黄金市场的投资品种。

9月19日，中国结算修订了《特殊机构及产品证券账户业务指南》，对商业银行理财产品开立证券账户的实质约束和申请开立中的便利化措施进行了安排。

9月20日，人民银行和香港特别行政区金融管理局签署《关于使用债务工具中央结算系统发行中国人民银行票据的合作备忘录》。

9月21日，上海期货交易所正式开展铜期权交易。

9月25日，证监会正式发布《证券公司和证券投资基金管理公司境外设立、收购、参股经营机构管理办法》（证监会令第〔150〕号），有序推动证券基金经营机构走出去，切实加强证券基金经营机构对境外机构的管理。

9月26日，银保监会发布《商业银行理财业务监督管理办法》（2018年第6号令），进一步促进统一资产管理产品监管标准，推动银行理财业务规范健康发展。

9月26日，中国外汇交易中心发布《关于推出债券指数产品业务的通知》（中汇交发〔2018〕362号），全国银行间同业拆借中心正式开展银行间市场债券指数产品发行、交易和信息披露服务。

9月30日，上海票据交易所正式实施纸电票据交易融合，实现纸质票据和电子票据的同场交易，标志着全国统一、安全高效的电子化票据集中交易平台基本建成。

10月7日，人民银行决定从2018年10月15日起，下调大型商业银行、股份制商业银行、城市商业银行、非县域农村商业银行、外资银行人民币存款准备金率1个百分点，当日到期的中期借贷便利（MLF）不再续做。

10月8日，银行间市场交易商协会发布《微小企业贷款资产支持证券信息披露指引（2018版）》，支持银行业金融机构发行微小企业贷款资产支持证券。

10月8日，证监会推出“小额快速”并购重组审核机制，进一步激发市场活力，充分发挥并购重组服务实体经济的重要作用。

10月10日，为规范互联网金融行业反洗钱和反恐怖融资工作，人民银行、银保监会、证监会联合发布《互联网金融从业机构反洗钱和反恐怖融资管理办法（试行）》，从2019年1月1日开始正式实施。

10月12日，证监会发布《关于上海证券交易所与伦敦证券交易所互联互通存托凭证业务的监管规定（试行）》（证监会公告〔2018〕30号），进一步扩大资本市场双向开放。

10月16日，人民银行发布公告〔2018〕第18号，在银行间债券市场正式推出三方回购交易，进一步强化了货币市场风险防控。

10月16日，上海证券交易所发布《上海证券交易所债券担保品处置平台服务指引》（上证发〔2018〕82号），研究建立集中的债券担保品处置平台。

10月22日，人民银行引导设立民营企业债券融资支持工具。人民银行运用再贷款提供部分初始资金，由专业机构进行市场化运作，通过出售信用风险缓释工具、担保增信等多种方式，支持民营企业债券融资。

10月22日，证监会发布《证券期货经营机构私募资产管理业务管理办法》（证监会令〔第151号〕）及《证券期货经营机构私募资产管理计划运作管理规定》（证监会公告〔2018〕31号），细化证券期货经营机构私募资管业务监管要求。

10月24日，深圳证券交易所披露深圳市投资控股有限公司2018年纾困专项债券发行公告，这是深交所首单纾困专项公司债券。

10月24日，银行间市场交易商协会启动承销类会员（外资银行类）参与B类主承销业务市场评价工作。经市场评价获得B类主承销业务资格的外资银行，可开展境外非金融企业债务融资工具主承销业务。

10月24日，银保监会发布《关于保险资产管理公司设立专项产品有关事项的通知》（银保监发〔2018〕65号），允许保险资产管理公司设立专项产品，参与化解上市公司股票质押流动性风险，为优质上市公司和民营企业提供长期融资支持。

10月26日，全国人大发布《全国人民代表大会常务委员会关于修改〈中华人民共和国公司法〉的决定》，对公司法第一百四十二条有关公司股份回购的规定进行了专项修改，自公布之日起施行。

10月29日，中保保险资产登记交易系统有限公司发布《关于保险资产管理公司专项产品登记有关事项的通知》，并完成首只保险资产管理公司专项产品登记。

11月2日，上海证券交易所发布《上海证券交易所与伦敦证券交易所互联互通存托凭证上市交易暂行办法》等一系列"沪伦通"业务相关制度，规范上海证券交易所与伦敦证券交易所互联互通存托凭证上市、交易、跨境转换和信息披露等行为。

11月6日，证监会发布《关于完善上市公司股票停复牌制度的指导意见》（证监会公告〔2018〕34号），进一步保证信息披露的及时、公平，提示重大风险，维护公平的交易秩序。

11月7日，财政部与税务总局联合发布《关于境外机构投资境内债券市场企业所得税 增值税政策的通知》（财税〔2018〕108号），自2018年11月7日起至2021年11月6日止，对境外机构投资境内债券市场取得的债券利息收入暂免征收企业所得税和增值税。

11月9日，证监会、财政部、国资委联合发布《关于支持上市公司回购股份的意见》（证监会公告〔2018〕34号），进一步提高上市公司质量，健全资本市场内生稳定机制，促进资本市场长期健康发展。

11月9日，证监会修订发布《发行监管问答——关于引导规范上市公司融资行为的监管要求》，进一步优化资本市场资源配置功能，鼓励技术创新，引导规范上市公司融资行为。

11月10日，人民银行、财政部、银保监会联合发布《关于在全国银行间债券市场开展地方政府债券柜台业务的通知》（银发〔2018〕283号），地方政府债券成为继记账式国债、政策性银行债券和国家开发银行债券后又一类可开展银行间债券市场柜台业务的品种。

11月10日，大连商品交易所正式开展乙二醇期货交易。

11月13日，国家发展改革委、人民银行等五部门办公厅发布《关于鼓励相关机构参与市场化债转股的通知》（发改办财金〔2018〕1442号），推动市场化债转股扩量提质。

11月15日，证监会修订发布《公开发行证券的公司信息披露内容与格式准则第26号——上市公司重大资产重组（2018年修订）》（证监会公告〔2018〕36号），落实股票停复牌制度改革，简化上市公司并购重组预案披露要求。

11月16日，沪深两大证券交易所分别发布《上市公司重大违法强制退市实施办法》（上证发〔2018〕98号、深证发〔2018〕556号），构建全新的上市公司退市制度体系。

11月25日，银保监会批准成立安联（中国）保险控股有限公司，安联（中国）成为我国首家外资保险控股公司。

11月26日，工商银行下属债转股实施机构工银投资以优先股方式为越秀集团办理债转股业务方案正式获得批复，这是全国首单获批的非上市非公众股份公司债转优先股创新方案。

11月27日，人民银行、银保监会、证监会联合发布《关于完善系统重要性金融机构监管的指导意见》（银发〔2018〕301号），完善我国系统重要性金融机构监管框架，防范系统性风险。

11月27日，纸浆期货正式在上海期货交易所上线运行，成为中国期货市场第50个商品期货。

11月28日，证监会发布《证券公司大集合资产管理业务适用〈关于规范金融机构资产管理业务的指导意见〉操作指引》（证监会公告〔2018〕39号），对大集合产品进一步对标公募基金、实现规范发展的标准与程序进行细化明确。

11月29日，中国外汇交易中心与彭博公司合作项目准备工作基本就绪，双方通过交易平台连接支持境外机构投资者进入中国银行间债券市场的项目将正式启动。

11月30日，PTA期货在郑州商品交易所正式引入境外交易者。

12月2日，银保监会发布《商业银行理财子公司管理办法》（银保监会令2018年第7号），理财子公司成为商业银行下设的从事理财业务的非银行金融机构。

12月3日，人民银行、证监会、发改委联合发布《关于进一步加强债券市场执法工作有关问题的意见》（银发〔2018〕296号），建立统一的债券市场执法机制。

12月5日，国家发展改革委发布《关于支持优质企业直接融资进一步增强企业债券服务实体经济能力的通知》（发改财金〔2018〕1806号），进一步增强企业债券服务实体经济能力，打好防范化解重大风险攻坚战。

12月6日，上海票据交易所正式发布票据市场首条收益率曲线。

12月7日，中央结算公司发布《关于银行间债券市场国债预发行有关事宜的通知》（中债字〔2018〕161号），规范了银行间债券市场国债预发行业务。

12月11日，上海黄金交易所国际中心与中央国债登记结算有限责任公司联合发布《关于调整上海国际黄金交易中心可充抵债券种类及债券充抵折扣率的公告》，优化债券充抵保证金业务。

12月14日，人民银行印发《关于黄金资产管理业务有关事项的通知》（银办发〔2018〕215号）、《金融机构互联网黄金业务管理暂行办法》（银办发〔2018〕221号）、《黄金积存业务管理暂行办法》（银办发〔2018〕222号），这三项规范性文件加强了黄金市场制度建设，有利于防范黄金市场风险，维护市场秩序，保护投资者权益。

12月14日，交易所债券市场推出民营企业债券融资支持工具，以市场化方式支持民营企业债券融资。同时，鼓励和支持相关金融机构为民营企业债券发行提供信用保护工具。

12月19日，中国人民银行决定创设定向中期借贷便利，定向支持金融机构向小微企业和民营企业发放贷款。

12月20日，中国外汇交易中心发布《关于在银行间外汇市场推出衍生品协商交易功能的通知》（中汇交发〔2018〕481号），进一步完善交易机制，提高交易效率。

12月28日，银保监会发布《关于规范银行业金融机构异地非持牌机构的指导意见》（银保监发〔2018〕71号），进一步规范了银行业金融机构异地非持牌经营行为，维护金融市场秩序、防范金融风险。

12月28日，中国金融期货交易所发布《中国金融期货交易所做市商管理办法》，进一步规范金融期货做市商管理，增强交易流动性，促进市场功能发挥。同日发布了《中国金融期货交易所国债期货合约期转现交易细则》，宣布开展国债期货期转现交易。

附录二　中国金融市场统计

附表1　2000—2018年主要宏观经济金融指标（年末余额）

单位：亿元、%

项目 \ 年份	2000	2001	2002	2003	2004	2005	2006	2007	2008	2009	2010	2011	2012	2013	2014	2015	2016	2017	2018
国内生产总值(GDP)	99 215	109 655	120 333	135 823	159 878	184 937	216 314	265 810	314 045	340 903	408 903	484 124	534 123	595 244	643 974	689 052	743 585	827 122	900 309
增长率	8.4	8.3	9.1	10.0	10.1	10.4	12.7	14.2	9.6	9.2	10.6	9.5	7.7	7.8	7.3	6.9	6.7	6.9	6.6
进出口总额(亿美元、亿元)	4 743	5 097.7	6 208	8 512	11 547	14 221	17 607	21 738	25 616	22 073	201 723	236 402	244 160	258 168	264 242	245 503	243 386	277 923	305 050
增长率	31.5	7.5	21.8	37.1	35.7	23.2	23.8	23.5	17.8	-13.9	34.7	17.2	3.2	5.7	2.4	-7.0	-0.9	14.2	9.7
出口(亿美元、亿元)	2 492	2 661	3 256	4 384	5 934	7 620	9 690	12 205	14 307	12 016	107 023	123 241	129 359	137 131	143 884	141 167	138 419	153 321	164 177
进口(亿美元、亿元)	2 251	2 436.1	2 952	4 128	5 614	6 601	7 915	9 561	11 326	10 059	94 700	113 161	114 801	121 037	120 358	104 336	104 967	124 602	140 874
外汇储备(亿美元)	1 655.7	2 121.7	2 864	4 033	6 099	8 189	10 663	15 282	19 460	23 992	28 473	31 811	33 116	38 213	38 430	33 304	30 105	31 399	30 727.1
外商直接投资(亿美元)	408	468.5	527	535	606	603	694.7	747.7	924	900	1 057	1 160	1 117	1 176	1 196	1 263	1 260	1 310	1 350
财政收入	13 380.1	16 371	18 914	21 691	26 355.9	31 628	38 760.2	51 304	61 330	68 518	83 102	103 874	117 254	129 210	140 370	152 269	159 605	172 567	183 352
财政支出	15 879.4	18 844	22 012	24 607	28 360.8	33 708.1	40 222.7	49 565.4	62 593	76 300	89 874	109 248	125 953	140 213	151 662	175 768	188 793	203 330	220 906
赤字或盈余	-2 499.3	-2 473	-3 098	-2 916	-2 004.9	-2 080.1	-1 462.5	1 738.6	-1 263	-7 782	-6 772	-5 374	-8 699	-11 003	-11 312	-23 499	-29 188	-30 763	-37 554
货币供应量(M2)	134 610.3	158 301.9	185 007	221 222.8	254 107	296 040.1	345 577.9	403 401.3	475 166.6	606 223.6	725 851.79	851 590.9	974 148.8	1 106 524.98	1 228 374.81	1 392 278.11	1 550 066.67	1 676 768.54	1 826 744.22
增长率	12.3	17.6	16.9	19.6	14.9	16.5	16.7	16.7	17.8	27.6	19.7	13.5	14.4	13.6	11.0	13.3	11.4	8.2	8.1
货币供应量(M1)	53 147.2	59 871.6	70 822	84 118.6	95 969.7	107 279.9	126 028.1	152 519.2	166 217.1	220 004.5	266 621.54	289 847.7	308 664.2	337 291.05	348 056.41	400 953.44	486 557.24	543 790.15	551 685.91
增长率	15.9	12.7	18.3	18.8	14.1	11.8	17.5	21.0	9.0	32.4	21.2	7.9	6.5	9.3	3.2	15.2	21.4	11.8	1.5

（续）

项目 \ 年份	2000	2001	2002	2003	2004	2005	2006	2007	2008	2009	2010	2011	2012	2013	2014	2015	2016	2017	2018
货币供应量(M0)	14 652.7	15 688.8	17 278	19 746	21 468.3	24 032.8	27 072.6	30 334.3	34 218.96	38 245.97	44 628.17	50 748.46	54 659.77	58 574.44	60 259.53	63 216.58	68 303.87	70 645.6	73 208.4
增长率	8.9	7.1	10.1	14.3	8.7	11.9	12.6	12.0	12.8	11.8	16.7	13.8	7.7	7.1	2.9	4.9	8.1	3.4	3.6
城镇居民人均可支配收入(元)	6 280	6 859.6	7 703	8 500	9 422	10 493	11 759	13 786	15 781	17 175	19 109	21 810	24 565	26 955	28 844	31 195	33 616	36 396	39 251
实际增长率	6.4	8.5	13.4	9.0	7.7	9.6	10.4	12.2	8.4	9.8	7.8	8.4	12.6	9.7	6.8	6.6	5.6	8.3	7.8
农村居民人均纯收入(元)	2 253	2 366	2 475.6	2 622	2 936	3 255	3 587	4 140	4 761	5 153	5 919	6 977	7 917	8 896	9 892	11 422	12 363	13 432	14 617
实际增长率	2.1	4.2	4.8	4.3	6.8	6.2	7.4	9.5	8.0	8.5	10.9	11.4	13.5	9.3	11.2	7.5	6.2	7.3	8.8
金融机构各项存款	123 804.4	143 617.2	170 917.4	208 055.6	241 424.3	300 208.6	348 015.6	401 051.4	478 444.2	612 005.1	733 382.03	826 701.35	943 102.27	1 070 587.72	1 173 734.59	1 397 752.11	1 555 247.07	1 692 727.15	1 825 158.24
增长率	13.8	16.0	19.0	21.7	16.0	24.3	15.9	15.2	19.3	27.9	19.8	12.7	14.1	13.5	9.6	19.1	11.3	8.8	7.8
金融机构各项贷款	99 371.1	112 314.7	131 293.9	158 996.2	178 197.8	206 838.5	238 279.8	277 746.5	320 048.7	425 622.6	509 225.95	581 892.5	672 874.61	766 326.64	867 867.89	993 459.69	1 120 551.79	1 256 073.74	1 417 516.44
增长率	6.0	13.0	16.9	21.1	12.1	16.1	15.2	16.6	15.2	33.0	19.6	14.3	15.6	13.9	13.3	14.5	12.8	12.1	12.9
居民消费价格指数(CPI)	0.4	0.7	-0.8	1.2	3.9	1.8	1.5	4.8	5.9	-0.7	3.3	5.4	2.6	2.6	2.0	1.4	2.0	1.6	2.1

注：1．往年数据根据最新公布数据有所调整。

2．2009年以后的进出口总额、进口、出口数据以人民币计。

数据来源：国家统计局、中国人民银行、财政部。

附表2 2000—2018年新增本外币存贷款构成及增长率（年末余额）

单位：亿元、%

项目＼年份	2000	2001	2002	2003	2004	2005	2006	2007	2008	2009	2010	2011	2012	2013	2014	2015	2016	2017	2018
金融机构各项存款	123 804	143 617.2	170 917.4	208 055.6	241 424.3	300 208.6	348 015.6	401 051.4	478 444.21	612 005.1	733 382.03	826 701.35	943 102.27	1 070 587.72	1 173 734.59	1 397 752.11	1 555 247.07	1 692 727.15	1 825 158.24
比上年年末增长	13.8	16.0	19.0	21.7	16.0	24.3	15.9	15.2	19.3	27.9	19.8	12.7	14.1	13.5	9.6	19.1	11.3	8.8	13.2
其中：城乡居民储蓄	64 332.4	73 762.4	86 910.7	103 617.7	119 555.4	147 053.7	166 616.2	176 213.3	221 503.47	264 756.9	307 166.39	357 901.58	415 549.87	471 090.18	512 790.14	551 928.92	606 522.23	651 983.38	724 438.51
比上年年末增长	7.9	14.7	17.8	19.2	15.4	23.0	13.3	5.8	25.7	19.5	16.0	16.5	16.1	13.4	8.9	7.6	9.9	7.5	11.1
企业存款	44 093.7	51 546.6	60 028.6	72 487.1	84 669.5	101 750.6	118 851.7	144 814.1	164 385.79	224 360	252 960.27	423 086.61	478 730.2	541 793.87	591 069.28	455 208.83	530 895.41	571 640.83	589 104.74
比上年年末增长	18.6	16.9	16.5	20.8	16.8	20.2	16.8	21.8	13.5	36.5	12.7	67.3	13.2	13.2	9.1	-22.9	16.6	7.7	3.1
金融机构各项贷款	99 371.1	112 314.7	131 293.9	158 996.2	178 197.8	206 838.5	238 279.8	277 746.5	320 048.68	425 622.6	509 225.95	581 892.50	672 874.61	766 326.64	867 867.89	993 459.69	1 120 551.79	1 256 073.74	1 417 516.44
比上年年末增长	6.0	13.0	16.9	21.1	12.1	16.1	15.2	16.6	15.2	33.0	19.6	14.3	15.6	13.9	13.3	14.5	12.8	12.1	12.9
其中：短期贷款	65 748.1	67 327.2	76 822.4	87 397.9	90 808.3	91 157.5	101 698.2	118 898	128 571.47	151 390.7	171 236.64	217 480.1	268 152.19	311 771.97	336 371.27	359 190.66	371286.36	405 492.17	432 776.46
比上年年末增长	2.9	2.4	14.1	13.8	3.9	0.4	11.6	16.9	8.1	17.7	13.11	27	23.3	16.3	7.9	6.8	3.4	9.2	6.7
中长期贷款	27 931.2	39 238.1	51 731.6	67 251.7	81 010.1	92 940.5	113 009.8	138 581	164 160.42	235 591.3	305 127.55	333 746.51	363 894.22	410 345.5	471 818.36	537 832.55	634209.87	750 130.12	854 188.75
比上年年末增长	16.5	40.5	31.8	30.0	20.5	14.7	21.6	22.6	18.5	43.5	29.5	9.4	9	12.8	15	14	17.9	18.3	13.9

数据来源：中国人民银行。

附表3　2006—2018年贷款余额、债券存量、股票市值与GDP的比例

单位：亿元、%

年份	GDP	贷款余额	贷款余额/GDP	债券存量	债券存量/GDP	股票总市值	股票总市值/GDP
2006	216 314	238 280	110.2	92 740	42.9	89 404	41.3
2007	265 810	277 747	104.5	124 470	46.8	327 140.9	123.1
2008	314 045	320 049	101.9	151 648	48.3	121 366.4	38.6
2009	340 903	425 623	124.9	176 430	51.8	243 939.12	71.6
2010	397 983	509 226	128	205 481	51.6	265 422.59	66.7
2011	471 564	581 893	123	223 786	47.5	214 758.1	45.5
2012	519 470	672 875	130	262 058	50.4	230 357.6	44.3
2013	568 845	766 327	135	296 165	52.1	239 077.2	42
2014	636 463	867 868	136	355 778	55.9	372 546.92	59
2015	676 708	993 460	147	478 978	70.8	531 304.2	78.5
2016	744 127	1 120 552	151	636 614	85.6	508 245.11	68.3
2017	827 122	1 256 074	152	740 098	89.5	567 475.37	68.6
2018	900 309	1 417 516	157	863 922	96.0	434 924	48.3

注：1. 贷款余额指金融机构本外币各类贷款。
　　2. 债券存量指包括银行间债券托管数和交易所债券托管数在内的总托管量。
数据来源：中国人民银行、中国证监会。

附表4　2010—2018年社会融资增量结构表

单位：万亿元

年份	融资增量总额	人民币贷款	外币贷款	委托贷款	信托贷款	未贴现银行承兑汇票	企业债券净融资	非金融企业境内股票融资	其他
2010	13.94	7.86	0.49	0.88	0.39	2.34	1.11	0.58	0.29
2011	12.83	7.47	0.57	1.30	0.20	1.03	1.37	0.44	0.45
2012	15.76	8.20	0.92	1.28	1.28	1.05	2.26	0.25	0.00
2013	17.29	8.89	0.58	2.54	1.84	0.78	1.80	0.22	0.00
2014	16.41	9.78	0.36	2.51	0.52	-0.13	2.43	0.44	0.00
2015	15.29	11.27	-0.64	1.59	0.04	-1.06	2.82	0.76	0.00
2016	17.80	12.40	-0.56	2.18	0.86	-1.95	3.00	1.24	0.60
2017	19.44	13.84	0.0018	0.77	2.26	0.54	0.45	0.87	0.71
2018	19.26	15.67	-0.4203	-1.61	-0.69	-0.63	2.49	0.36	4.10

数据来源：中国人民银行。

附表5　1997—2018年银行间同业拆借与债券回购成交情况

单位：亿元

年份	同业拆借	质押式回购交易额	买断式回购交易额
1997	8 298	310	—
1998	1 978	1 021	—
1999	3 291	3 957	—
2000	6 728	15 785	—
2001	8 082	40 133	—
2002	12 107	101 885	—
2003	24 113	117 203	—
2004	14 556	93 105	1 263
2005	12 783	156 784	2 223
2006	21 503	263 021	2 892
2007	106 466	440 672	7 253
2008	150 492	563 830	17 376
2009	193 505	677 007	25 891
2010	278 684	846 533	29 402
2011	334 412	966 650	27 885
2012	467 044	1 366 174	50 966
2013	355 190	1 519 757	61 882
2014	376 626	2 124 191	120 035
2015	642 135	4 324 109	253 528
2016	959 131	5 682 693	330 335
2017	789 811	5 882 607	281 077
2018	1 392 987	7 086 726	140 036

数据来源：中国外汇交易中心。

附表6 2000—2018年银行间同业拆借成员变化表

单位：家

年份	银行	证券公司	保险公司	信托公司	财务公司	租赁公司	农村信用联社	城市信用社	资产管理公司	汽车金融公司	消费金融公司	其他	总计
2000	232	14	—	—	20	—	148	—	—	—	—	3	417
2001	246	18	—	—	25	—	198	—	—	—	—	3	490
2002	261	41	—	—	25	—	202	4	—	—	—	3	536
2003	289	56	—	—	32	—	229	10	—	—	—	1	617
2004	309	64	—	—	35	—	236	11	—	—	—	1	656
2005	323	66	—	—	38	—	239	12	—	—	—	1	679
2006	339	53	—	—	46	—	250	15	—	—	—	0	703
2007	326	56	—	3	49	—	267	16	—	—	—	0	717
2008	340	58	—	16	55	4	298	13	2	2	—	0	788
2009	348	65	6	26	68	6	320	9	3	3	—	0	854
2010	347	68	6	30	72	11	338	8	3	5	—	0	888
2011	347	70	7	38	77	11	369	7	4	6	—	1	937
2012	359	77	7	39	81	16	422	7	5	8	—	1	1 022
2013	368	82	9	45	98	16	482	7	5	9	—	1	1 122
2014	349	87	10	54	129	17	547	7	5	13	—	1	1 219
2015	355	90	15	57	154	20	661	7	5	16	—	2	1 382
2016	390	95	31	62	180	24	916	0	8	17	—	2	1 725
2017	497	96	43	62	213	40	973	0	8	21	3	2	1 958
2018	1 207	101	49	64	229	57	292	0	4	22	9	1	2 056

数据来源：全国银行间同业拆借中心。

附表7 2006—2018年债券市场现券与期货交易情况

单位：亿元、%

年份	银行间市场				交易所市场			
	现券交易额	同比增长	柜台交易额	同比增长	现券交易额	同比增长	国债期货交易额	同比增长
2006	102 558.6	70.55	42.8	-34.86	1 977.83	—	—	—
2007	156 038.21	52.15	35.7	-16.59	2 051.75	3.74	—	—
2008	371 082.7	137.82	30.4	-14.85	4 294.73	109.32	—	—
2009	472 646.43	27.37	62.8	106.58	4 659.86	8.5	—	—
2010	640 418.98	35.5	41.7	-33.60	5 832.26	25.16	—	—
2011	636 422.9	-0.62	27.89	-33.12	6 839.9	17.28	—	—
2012	751 952.83	18.15	14.99	-46.25	9 852.7	44.05	—	—
2013	416 106.44	-44.66	18.72	24.88	17 387.6	76.48	3 063.89	—
2014	403 565.2	-3	71.7	283.01	27 874.4	60.31	8 785.17	186.73
2015	867 370.1	114.9	109.3	52.4	33 994.6	22	60 106.8	584.18
2016	1 270 918.3	46.5	87.6	-19.8	51 269.9	50.8	89 013.6	48.09
2017	1 028 351.7	-19.1	245	179.7	55 597.0	8.4	140 849.1	58.23
2018	1 507 367.9	46.6	1 320.3	438.9	59 282.6	6.6	103 140.9	-26.77

数据来源：中国人民银行。

附表8 2018年债券市场现券交易情况

单位：亿元、%

时间	银行间债券市场					交易所债券市场		
	现券交易额	同比增长	银行间债券总指数	柜台市场交易额	同比增长	现券交易额	同比增长	上证国债指数
2018年1月	92 379.2	71.6	175.28	245	1 442.5	5 339.4	47.7	161.27
2018年2月	53 381.2	-16.4	176.67	56.6	226.8	3 306.7	-9.6	162.05
2018年3月	98 547.7	9.9	178.0	47.1	685.5	5 873.4	22.9	162.96
2018年4月	92 702.3	32.4	180.13	112.6	690.8	4 248.8	7.3	163.92
2018年5月	116 037.4	51.9	180.42	71.6	759.0	4 840.8	1.1	164.70
2018年6月	115 627.5	26.0	181.56	117.2	615.3	4 060.9	-23.1	165.44
2018年7月	138 524.1	51.1	183.53	127.3	477.6	5 338.7	19.3	166.42
2018年8月	165 649.7	69.1	183.61	153.1	803.9	5 190.5	5.2	166.60
2018年9月	147 080.2	44.2	184.20	112.2	207.0	4 765.2	8.1	166.92
2018年10月	134 207.4	64.3	185.85	121.1	300.40	4 316.4	0.9	167.64
2018年11月	180 142.3	69.5	187.66	155.9	233.0	5 670.3	-6.4	168.69
2018年12月	173 088.8	67.6	189.17	177.8	605.0	6 331.6	18.2	169.88
合计	1 507 367.9	46.6	—	1 320.3	438.9	59 282.6	6.6	—

注：银行间债券总指数指中债银行间债券总指数净价指数。

数据来源：中国人民银行、中央国债登记结算有限责任公司、上海证券交易所、中国外汇交易中心。

附表9　2004—2018年债券市场发行基本情况

单位：亿元

年份	政府信用债			政府支持机构债	央行票据	金融债券				同业存单	公司信用类债券				资产支持证券	国际机构债券	总计
	国债	地方政府债	小计			政策性银行债	券商短融	其他金融债	小计		非金融企业债务融资工具	企业债券	公司债券	合计			
2004	7 318.8	0	7 318.8	0	17 037	4 348	0	748.8	5 096.8	—	0	326	209	535	—	—	29 988
2005	7 042	0	7 042	0	27 882	6 051.7	29	1 036.3	7 117	—	1 424	654	0	2 078	172.74	—	44 160.8
2006	8 883.3	0	8 883.3	0	36 574	8 980	0	525	9 505	—	2 919.5	995	142.9	4 057.4	280.01	—	59 135.3
2007	23 483.4	0	23 483.4	0	40 721	10 931.9	0	972.7	11 904.6	—	3 349.1	1 720	407.3	5 476.4	178.08	—	81 763.8
2008	8 546.3	0	8 546.3	0	42 960	10 809.3	0	974	11 783.3	—	6 075.5	2 367	976.5	9 419	302.01	—	73 010.6
2009	16 213.6	2 000	18 213.6	0	39 740	11 678.1	0	3 071	14 749.1	—	11 509.7	4 252	715	16 476.7	0	—	89 179.4
2010	17 778.2	2 000	19 778.2	1 090	46 608	13 192.7	0	979.5	14 172.2	—	11 863	3 627	1 320.3	16 810.3	0	—	98 458.6
2011	15 397.9	2 000	17 397.9	1 000	14 140	19 972.7	0	3 528.5	23 501.2	—	18 503.2	2 473.5	1 707.4	22 684.1	12.79	—	78 723.2
2012	14 360.4	2 500	16 860.4	1 500	0	21 399	561	4 233.7	26 193.7	—	26 547.2	6 499.3	2 722.8	35 769.3	224.42	—	80 515.9
2013	16 945	3 500	20 445	1 900	5 362	20 760.3	2 995.9	1 321	25 077.2	340	28 357.9	4 752.3	4 081.4	37 191.6	231.7	—	90 133.5
2014	17 047.3	4 000	21 047.3	2 100	0	22 900.5	4 246.9	5 459.5	32 606.9	8 985.6	41 217.6	6 952	3 483.8	51 653.4	3 220.63	—	110 201.1
2015	19 875.4	38 350.6	58 226	2 400	0	25 790.2	3 515.6	14 794.9	44 100.7	52 975.9	53 660.6	3 431	13 292.4	70 384.1	6 157.2	115	234 358.9
2016	29 457.7	60 428.4	89 886.1	2 250	0	33 529.7	1 178.6	12 717.9	47 426.2	129 931	50 297.9	5 917.7	25 770	81 985.5	8 647	1 330.4	361 456.2
2017	38 661.8	43 580.9	82 242.7	2 860	0	32 814.8	392	16 961	50 167.8	201 872.4	39 813.5	3 731	11 460.2	55 004.7	15 398.4	666	408 212
2018	35 411	41 651.7	77 062.6	2 530	0	33 681.8	1 425	18 302.2	53 409	210 832.4	54 271.1	2 404.8	16 336.7	73 012.5	18 187.5	898.6	435 932.7

注：1. 国债包含记账式国债、电子式储蓄国债。

2. 其他金融债从2015年起包括银行间市场金融债券、交易所市场金融债券，资产支持证券包含银行间信贷资产支持证券、交易所资产支持证券。

3. 国际机构债券指境外机构法人在境内发行的债券，发行主体包含主权机构、准主权机构、境外金融和非金融机构。

数据来源：中国人民银行。

附表10 2006—2018年债券市场债券托管情况

单位：亿元

年份	政府信用债			政府支持机构债及其他	央行票据	金融债券				同业存单	公司信用类债券				信贷资产支持证券	国际机构债券	银行间托管总量	交易所托管总量	总托管量
	国债	地方政府债	合计			政策性银行债	券商短融	其他金融债	合计		非金融企业债务融资工具	企业债券	公司债券	合计					
2006	29 048	0	29 048	30	32 300	22 836	0	2 552	25 388	0	2 667	2 832	288	5 786	188	—	88 910	3 830	92 740
2007	46 503	0	46 503	30	36 587	28 784	0	3 486	32 270	0	3 203	4 422	1 131	8 756	324	—	120 102	4 368	124 470
2008	48 753	0	48 753	30	48 121	36 720	0	4 255	40 975	0	5 875	6 803	539	13 218	551	—	148 100	3 548	151 648
2009	55 411	2 000	57 411	40	42 326	44 498	0	6 454	50 952	0	13 196	10 971	1 135	25 301	399	—	172 476	3 954	176 430
2010	62 628	4 000	66 628	1 130	40 909	51 604	0	6 662	58 266	0	20 271	14 511	3 584	38 366	182	—	199 019	6 462	205 481
2011	67 839	6 000	73 839	2 130	21 290	64 778	0	9 785	74 563	0	29 047	16 799	6 023	51 869	95	—	214 260	9 526	223 786
2012	74 236	6 500	80 736	8 532	13 440	78 582	295	13 126	92 003	0	40 327	19 310	7 441	67 078	269	—	250 014	12 044	262 058
2013	83 165	8 615	91 780	10 067	5 522	88 720	810	13 535	103 064	340	51 483	23 359	10 553	85 394	354	—	277 128	19 377	296 505
2014	91 450	11 624	103 073	11 706	4 282	99 874	1 134	17 213	118 221	5 995.3	67 901	29 513	12 335	109 749	2 751	—	329 803	25 975	355 778
2015	101 503	48 255	149 757	13 275	4 282	110 069	436	32 174	142 678	30 274	85 910	31 632	15 582	133 123	5 463	125	440 640	38 337	478 978
2016	114 663	106 250	220 913	14 605	60	124 070	82	42 026	166 178	62 761	87 771	35 305	42 312	165 387	6 174	531	563 292	73 316	636 608
2017	129 028	147 419	276 447	16 045	60	135 437	152	52 300	187 889	80 051	83 741	35 067	50 652	169 460	9 132	1 013	654 324	85 774	740 098
2 018	143 616	180 669	324 285	17 195	59.7	144 706	460	62 447	306 472	98 859	95 874	31 133	58 437	185 444	28 917	1 550	756 921	107 000	863 922

注：1. 国债包含记账式国债、电子式储蓄国债。

2. 其他金融债券包括银行间市场金融债券、交易所市场金融债券。

数据来源:中国人民银行。

附表11 2014—2018年银行间债券市场参与机构数

单位：家

机构		年份	2014	2015	2016	2017	2018
境内参与机构	法人类产品	存款类金融机构	1 088	1 302	1 560	1 745	1 859
		其他银行业金融机构	158	182	242	278	324
		证券类金融机构	169	171	179	185	189
		保险类金融机构	148	152	154	163	173
		非金融机构	278	280	274	274	274
		其他	7	7	21	20	23
		合计	1 848	2 094	2 430	2 665	2 842
	非法人类产品	证券投资基金	1 556	2 151	3 137	3 919	4 212
		企业年金	1 275	1 431	1 528	1 625	1 684
		社保基金	105	105	106	163	197
		保险产品	145	311	641	976	1 087
		信托产品	569	666	684	869	949
		基金公司特定客户资管组合	176	1 140	3 061	3 425	3 315
		证券公司资管计划	560	1 388	2 743	3 586	3 965
		银行理财产品	48	48	445	679	1 006
		其他	0	0	114	216	320
		合计	4 434	7 240	12 459	15 458	16 735
境外参与机构			180	302	407	617	1 186
合计			6 462	9 636	15 296	18 740	20 763

数据来源：中国人民银行。

附表12 银行间债券市场结算代理人名单

序号	机构名称	序号	机构名称
1	中国工商银行	26	大连银行
2	中国农业银行	27	青岛银行
3	中国银行	28	成都银行
4	中国建设银行	29	重庆银行
5	交通银行	30	河北银行
6	招商银行	31	厦门银行
7	中国民生银行	32	富滇银行
8	中国光大银行	33	晋商银行
9	中信银行	34	福建海峡银行
10	华夏银行	35	贵阳银行
11	兴业银行	36	西安银行
12	上海浦东发展银行	37	东莞银行
13	广发银行	38	哈尔滨银行
14	北京银行	39	广东顺德农村商业银行
15	恒丰银行	40	宁波银行
16	南京银行	41	常熟农村商业银行
17	上海银行	42	包商银行
18	杭州银行	43	汉口银行
19	上海市农村商业银行	44	汇丰银行（中国）有限公司
20	天津银行	45	渣打银行（中国）有限公司
21	齐商银行	46	法国巴黎银行（中国）有限公司
22	平安银行	47	德意志银行（中国）有限公司
23	齐鲁银行	48	花旗银行（中国）有限公司
24	乌鲁木齐市商业银行	49	摩根大通银行（中国）有限公司
25	长沙银行		

注：名单截至2018年12月31日。
资料来源：中国外汇交易中心网站。

附表13　2018年度公开市场业务一级交易商名单

中国工商银行股份有限公司	中国银行股份有限公司
国家开发银行股份有限公司	中国农业银行股份有限公司
中国建设银行股份有限公司	中国邮政储蓄银行股份有限公司
交通银行股份有限公司	中国进出口银行
兴业银行股份有限公司	招商银行股份有限公司
平安银行股份有限公司	中国光大银行股份有限公司
中信银行股份有限公司	上海浦东发展银行股份有限公司
广发银行股份有限公司	华夏银行股份有限公司
中国民生银行股份有限公司	浙商银行股份有限公司
恒丰银行股份有限公司	上海银行股份有限公司
北京银行股份有限公司	江苏银行股份有限公司
南京银行股份有限公司	徽商银行股份有限公司
盛京银行股份有限公司	洛阳银行股份有限公司
长沙银行股份有限公司	厦门银行股份有限公司
河北银行股份有限公司	郑州银行股份有限公司
福建海峡银行股份有限公司	广州银行股份有限公司
天津银行股份有限公司	哈尔滨银行股份有限公司
大连银行股份有限公司	宁波银行股份有限公司
杭州银行股份有限公司	青岛银行股份有限公司
中原银行股份有限公司	上海农村商业银行股份有限公司
广东顺德农村商业银行股份有限公司	北京农村商业银行股份有限公司
广州农村商业银行股份有限公司	汇丰银行（中国）有限公司
渣打银行（中国）有限公司	花旗银行（中国）有限公司
中信证券股份有限公司	中国国际金融股份有限公司

资料来源：中国人民银行。

附表14 2000—2018年股票市场统计表

年份	上市公司数（家）	上市总股本（亿股）	市价总值（亿元）	流通市值（亿元）	A股筹资总额（亿元）	成交金额（亿元）	平均换手率（%）		平均市盈率（%）		投资者账户（万户）
							上海	深圳	上海	深圳	
2000	1 088	3 791.7	48 090.9	16 087.5	—	60 826.6	492.9	509.1	58.2	56	6 123.2
2001	1 160	5 218.0	43 522.2	15 228.8	—	38 305.2	269.3	227.9	37.7	39.8	6 898.7
2002	1 224	5 875.5	38 329.1	12 484.6	737.23	27 990.5	214.0	198.8	34.4	37	6 841.8
2003	1 287	6 428.5	42 457.7	13 178.5	665.07	32 115.3	250.8	214.2	36.5	36.2	6 981.2
2004	1 377	7 149.4	37 055.6	11 688.6	642.78	42 333.9	288.7	288.3	24.2	24.6	7 215.7
2005	1 381	7 629.5	32 430.3	10 630.5	339.03	31 663.1	274.4	320.6	16.3	16.4	7 336.1
2006	1 434	14 897.6	89 403.9	25 003.6	2 335.22	90 468.7	541.1	671.3	33.4	33.6	7 854.0
2007	1 550	22 416.9	327 140.9	93 064.4	7 791.57	460 556.2	927.2	1 062.1	59.2	72.1	9 280.6
2008	1 625	24 522.85	121 366.44	45 213.9	2 619.71	267 113.0	392.5	—	14.86	17.13	10 449.7
2009	1 718	26 162.85	243 939.12	151 258.7	3 894.53	535 986.7	—	—	28.73	46.01	12 037.7
2010	2 063	33 184.35	265 422.59	193 110.41	8 954.99	545 633.54	—	—	21.61	44.69	13 391.04
2011	2 342	36 095.52	214 758.10	164 921.3	5 073.07	421 649.72	—	—	13.4	23.11	14 050.37
2012	2 494	38 295.0	230 357.62	181 658.26	1 380.42	314 667.41	—	—	12.3	22.01	14 054.91
2013	2 489	40 569.08	239 077.19	199 579.54	2 802.76	468 728.6	—	—	10.99	27.76	13 247.15
2014	2 613	43 610.13	372 546.96	315 624.31	4 856.43	743 912.98	—	—	15.99	34.05	14 214.68
2015	2 827	49 997.26	531 304.20	417 925.40	8 329.89	2 550 538.29	—	—	17.63	52.75	21 477.57
2016	3 052	55 820.50	508 245.11	393 266.27	18 910.35	1 267 262.64	—	—	18.94	62.36	—
2017	3 482	60 919.15	567 475.37	449 105.31	15 213.81	1 124 625.07	—	—	19.67	39.53	—
2018	3 584	57 581.02	434 924.02	353 794.19	9 412.08	901 739.39	—	—	12.45	20.00	—

数据来源：Wind资讯。

附表15 2000—2018年股票市场成交量和股票指数变化情况表

单位：亿元

年份	成交金额	日均成交	上证综指				深证综指			
			开盘	最高	最低	收盘	开盘	最高	最低	收盘
2000	60 826.6	254.5	1 368.69	2 125.72	1 361.21	2 073.48	402.71	654.37	414.69	635.73
2001	38 305.2	159.6	2 077.08	2 245	1 515	1 645.97	636.62	664.85	439.36	475.94
2002	27 990.5	118.1	1 643.49	1 748.89	1 339.2	1 357.65	475.14	512.38	371.79	388.76
2003	32 115.3	133.25	1 347.43	1 649.6	1 307.4	1 497.04	386.61	449.42	350.74	378.63
2004	42 333.9	174.21	1 492.72	1 783.01	1 259.43	1 266.5	377.93	470.55	315.17	315.81
2005	31 663.1	130.84	1 260.78	1 328.53	998.23	1 161.06	313.81	333.27	237.18	278.75
2006	90 468.7	375.39	1 163.88	2 698.9	1 161.91	2 675.47	278.99	710.14	278.99	706.01
2007	460 556.2	1 903.12	2 728.19	6 092.06	2 612.54	5 261.56	555.26	1 567.74	547.89	1 447.02
2008	267 113.0	1 085.82	5 265	5 497.9	1 706.7	1 820.81	1 450.33	1 584.39	452.33	553.08
2009	535 986.7	2 196.67	1 849.02	3 478.01	1 844.09	3 277.14	560.09	1 234.12	560.1	1 201.34
2010	545 633.54	2 254.68	3 289.75	3 306.75	2 319.74	2 808.08	1 207.33	1 412.64	890.24	1 290.87
2011	421 649.72	1 728.06	2 825.33	3 067.46	2 134.02	2 199.42	1 298.59	1 316.19	828.83	866.65
2012	314 667.41	1 294.93	2 212.00	2 460.69	1 959.77	2 269.13	871.93	1 020.29	724.97	881.17
2013	468 728.6	1 969.45	2 289.51	2 434.48	1 950.01	2 115.98	887.37	1 106.27	815.89	1 057.67
2014	743 913.0	3 036.38	2 112.13	3 239.36	1 974.38	3 234.68	1 055.88	1 504.48	1 004.93	1 415.19
2015	2 550 538.29	10 453.0	3 258.63	5 178.19	2 850.71	3 539.18	1 419.44	3 156.96	1 408.99	2 308.91
2016	1 267 262.64	5 193.7	3 536.59	3 538.69	2 638.3	3 103.64	2 304.48	2 304.49	1 618.12	1 969.11
2017	1 124 625.07	4 609.1	3 105.31	3 450.50	3 016.53	3 307.17	1 972.55	2 054.02	1 753.53	1 899.34
2018	896 501.12	3 689.3	3 314.03	3 587.03	2 449.20	2 493.90	1 903.49	1 966.15	1 212.23	1 267.87

数据来源：中国证监会、上海证券交易所、深圳证券交易所。

附表16　银行间市场人民币外汇即期交易做市商名单

序号	机构	序号	机构
1	中国工商银行股份有限公司	17	南京银行股份有限公司
2	中国农业银行股份有限公司	18	宁波银行股份有限公司
3	中国银行股份有限公司	19	法国巴黎银行（中国）有限公司
4	中国建设银行股份有限公司	20	上海浦东发展银行
5	交通银行股份有限公司	21	星展银行（中国）有限公司
6	中信银行股份有限公司	22	美国银行有限公司上海分行
7	招商银行股份有限公司	23	汇丰银行（中国）有限公司
8	中国光大银行股份有限公司	24	蒙特利尔银行（中国）有限公司
9	华夏银行股份有限公司	25	花旗银行（中国）有限公司
10	广发银行股份有限公司	26	渣打银行（中国）有限公司
11	平安银行股份有限公司	27	摩根大通银行（中国）有限公司
12	兴业银行股份有限公司	28	法国兴业银行（中国）有限公司
13	中国民生银行股份有限公司	29	东方汇理银行（中国）有限公司
14	国家开发银行	30	德意志银行（中国）有限公司
15	中国邮政储蓄银行股份有限公司	31	瑞穗银行（中国）有限公司
16	上海银行股份有限公司	32	三菱东京日联银行（中国）有限公司

资料来源：中国外汇交易中心。

附表17 1994—2018年人民币兑外币中间价

年份	美元	欧元	日元	港元	英镑	林吉特	卢布	兰特	韩元	迪拉姆	里亚尔	福林	兹罗提	丹麦克朗	瑞典克朗	挪威克朗	里拉	比索	澳元	加元	新西兰元	新加坡元	瑞士法郎
1994	844.91	—	7.78	112.66	—	—	—	—	—	—	—	—	—	—	—	—	—	—	—	—	—	—	—
1995	831.79	—	8.0703	107.6	—	—	—	—	—	—	—	—	—	—	—	—	—	—	—	—	—	—	—
1996	829.92	—	7.1613	107.19	—	—	—	—	—	—	—	—	—	—	—	—	—	—	—	—	—	—	—
1997	827.98	—	6.3627	106.81	—	—	—	—	—	—	—	—	—	—	—	—	—	—	—	—	—	—	—
1998	827.87	—	7.1719	106.78	—	—	—	—	—	—	—	—	—	—	—	—	—	—	—	—	—	—	—
1999	827.93	—	8.0933	106.51	—	—	—	—	—	—	—	—	—	—	—	—	—	—	—	—	—	—	—
2000	827.81	—	7.2422	106.06	—	—	—	—	—	—	—	—	—	—	—	—	—	—	—	—	—	—	—
2001	827.66	—	6.3005	106.06	—	—	—	—	—	—	—	—	—	—	—	—	—	—	—	—	—	—	—
2002	827.73	863.6	6.9035	106.11	—	—	—	—	—	—	—	—	—	—	—	—	—	—	—	—	—	—	—
2003	827.69	1 033.8	7.7263	106.57	—	—	—	—	—	—	—	—	—	—	—	—	—	—	—	—	—	—	—
2004	827.65	1 126.3	7.9701	106.37	—	—	—	—	—	—	—	—	—	—	—	—	—	—	—	—	—	—	—
2005	807.02	957.97	6.8716	104.03	—	—	—	—	—	—	—	—	—	—	—	—	—	—	—	—	—	—	—
2006	780.87	1 026.7	6.563	100.47	1 532.3	—	—	—	—	—	—	—	—	—	—	—	—	—	—	—	—	—	—
2007	730.46	1 066.7	6.4064	93.638	1 458.1	—	—	—	—	—	—	—	—	—	—	—	—	—	—	—	—	—	—
2008	683.46	965.9	7.565	88.189	987.98	—	—	—	—	—	—	—	—	—	—	—	—	—	—	—	—	—	—
2009	682.82	979.71	7.3782	88.048	1 097.8	—	—	—	—	—	—	—	—	—	—	—	—	—	—	—	—	—	—
2010	662.27	880.65	8.126	85.093	1 021.8	46.649	462.05	—	—	—	—	—	—	—	—	—	—	—	—	—	—	—	—
2011	630.09	816.25	8.1103	81.07	971.16	50.279	508.6	—	—	—	—	—	—	—	—	—	—	—	640.93	617.77	—	—	—
2012	628.55	831.76	7.3049	81.085	1 016.1	48.865	485.28	—	—	—	—	—	—	—	—	—	—	—	653.63	631.84	—	—	—
2013	609.69	841.89	5.7771	78.623	1 005.6	54.141	539.85	—	—	—	—	—	—	—	—	—	—	—	543.01	572.59	—	—	—
2014	611.9	745.56	5.1371	78.887	954.37	56.737	905.36	—	—	—	—	—	—	—	—	—	—	—	501.74	527.55	480.34	463.96	—
2015	649.36	709.52	5.3875	83.778	961.5	66.051	1 131	—	—	—	—	—	—	—	—	—	—	—	472.76	468.14	444.26	458.75	640.18
2016	693.7	730.68	5.9591	89.451	850.94	64.406	869.06	196.75	17 371.0	52.938	54.062	4247.68	60.355	101.71	131.16	124.27	50.757	298.64	501.57	514.06	483.08	479.95	679.89
2017	653.42	780.23	5.7883	83.591	877.92	62.224	881.4	189.5	16 369.0	56.212	57.397	3973.00	53.576	95.43	126.24	126.24	57.834	301.65	509.28	520.09	463.27	488.31	667.79
2018	686.32	784.73	6.1887	87.62	867.62	60.683	1013.83	211.19	16 327.0	53.537	54.685	4091.61	54.732	95.17	131.34	127.74	77.151	287.02	482.5	503.81	459.54	500.62	694.94

注：1.外币兑人民币中间价取当年最后一个交易日的中间价。

2.人民币对马来西亚林吉特、俄罗斯卢布、南非兰特、韩元、阿联酋迪拉姆、沙特里亚尔、匈牙利福林、波兰兹罗提、丹麦克朗、瑞典克朗、挪威克朗、土耳其里拉、墨西哥比索汇率中间价采取间接标价法；人民币对其他10种货币汇率中间价仍采取直接标价法。

数据来源：国家外汇管理局。

附表18 1993—2018年期货市场成交情况表

单位：亿元、万手

年份	商品期货市场		金融期货市场	
	成交额	成交量	成交额	成交量
1993	5 521.99	890.69	—	—
1994	31 601.41	12 110.72	—	—
1995	100 565.30	63 612.07	—	—
1996	84 119.16	34 256.77	—	—
1997	61 170.66	15 876.32	—	—
1998	36 967.24	10 445.57	—	—
1999	22 343.01	7 363.91	—	—
2000	16 082.29	5 461.07	—	—
2001	30 144.98	12 046.35	—	—
2002	39 490.16	13 943.26	—	—
2003	108 389.03	27 986.42	—	—
2004	146 935.31	30 569.76	—	—
2005	134 448.38	32 284.75	—	—
2006	210 046.34	44 947.41	—	—
2007	409 722.43	72 842.68	—	—
2008	719 141.94	136 388.71	—	—
2009	1 305 107.20	215 742.98	—	—
2010	2 269 852.69	304 194.19	821 397.94	9 147.66
2011	937 503.93	100 372.53	437 659.55	5 041.62
2012	952 862.59	134 546.42	758 406.78	10 506.18
2013	1 264 695.80	186 827.38	1 410 066.21	19 354.93
2014	1 279 712.50	228 343.25	1 640 169.73	21 758.10
2015	1 356 307.36	323 715.31	4 173 852.33	34 052.95
2016	1 774 124.99	411 943.24	182 191.10	1 833.59
2017	1 633 042.09	305 155.38	245 922.02	2 459.59
2018	1 846 960.97	300 165.53	261 222.97	2 721.01

注：自2011年起成交量以单边计算；表中数据均不含期转现交易。
数据来源：中国期货业协会。

附表19 2003—2018年黄金市场成交情况表

单位：亿元、吨

年份	成交金额	成交量
2003	459.2	470.7
2004	731.0	665.3
2005	1 069.8	906.4
2006	1 947.5	1 249.6
2007	3 164.9	1 828.1
2008	8 683.9	4 457.6
2009	10 288.8	4 710.8
2010	16 157.8	6 051.5
2011	24 772.2	7 438.5
2012	21 506.3	6 350.2
2013	32 133.8	11 614.5
2014	45 891.6	18 486.7
2015	80 083.9	34 067.3
2016	130 240.6	48 676.6
2017	149 751.9	54 292.0
2018	183 046.4	67 510.3

数据来源：上海黄金交易所。

附表20 2007—2018年商业银行OTC黄金业务统计表

业务类别		账户金		实物金			其他业务								
产品（单位）		美元账户金（万盎司、亿美元）	人民币账户金（吨、亿元）	自营（吨、亿元）	代理（吨、亿元）	黄金积存、定投（吨、亿元）	黄金租赁（吨、亿元）	黄金拆借（吨、亿元）	黄金质押（吨、亿元）	境内美元报价黄金远期（万盎司、亿美元）	境内美元报价黄金期权（万盎司、亿美元）	境内美元报价黄金掉期（万盎司、亿美元）	境内人民币报价黄金远期（吨、亿元）	境内人民币报价黄金掉期（吨、亿元）	境内人民币报价黄金期权（吨、亿元）
2007年	成交量	157.68	352.71	6.09	3.96	—	33.11	1.20	—	204.93	8.48	—	—	—	—
	成交金额	11.08	607.05	11.20	7.16	—	56.40	2.31	—	11.84	0.60	—	—	—	—
2008年	成交量	293.09	1 332.55	33.12	4.13	—	73.99	11.40	—	574.85	6.28	—	—	—	—
	成交金额	25.37	2 546.30	66.68	8.18	—	141.50	20.16	—	54.44	0.58	—	—	—	—
2009年	成交量	579.96	1 381.16	40.73	3.43	0.54	91.29	7.56	—	162.06	2.29	—	—	—	—
	成交金额	57.34	2 923.48	89.90	7.64	1.30	191.98	15.09	—	15.98	0.22	—	—	—	—
2010年	成交量	418.67	1 205.15	80.40	3.06	12.27	155.80	10.63	0.27	257.82	1.74	—	3.09	—	—
	成交金额	51.47	3 227.49	222.90	8.53	35.29	413.25	28.85	—	32.75	0.21	—	8.78	—	—
2011年	成交量	447.20	1 864.40	129.50	6.16	30.30	301.30	31.99	4.56	407.04	6.06	17.99	5.09	—	—
	成交金额	72.21	6 271.71	428.50	21.49	102.18	970.55	104.92	—	64.69	0.90	2.74	17.59	—	—
2012年	成交量	424.35	1 458.89	126.20	10.55	59.85	465.01	54.80	7.43	1 331.50	61.46	49.93	20.95	—	—
	成交金额	70.71	4 947.18	443.70	41.20	205.82	1 583.70	187.23	—	222.01	10.17	8.35	70.91	—	—
2013年	成交量	497.26	1 864.54	198.63	24.89	298.24	947.65	407.23	39.85	991.99	146.88	524.56	29.76	18.63	—
	成交金额	70.39	5 159.69	618.25	87.76	838.09	2 656.29	1 094.43	78.96	136.48	20.39	75.63	79.86	60.86	—
2014年	成交量	250.37	910.78	91.36	25.16	594.24	1 370.69	474.80	17.14	1 735.95	40.87	341.08	197.29	10.35	0.03
	成交金额	31.59	2 289.79	250.76	94.19	1 483.77	3 438.19	1 180.97	32.83	218.64	5.18	43.68	496.33	26.01	0.07
2015年	成交量	377.34	1 109.83	128.18	27.54	535.02	1 582.71	849.22	27.47	2 414.39	28.74	1 314.93	737.86	309.82	0.31
	成交金额	43.95	2 609.08	321.01	100.54	1 252.41	3 739.06	2 009.87	74.63	281.36	3.37	151.75	1 767.57	7 101.86	0.74
2016年	成交量	685.04	1 889.54	143.47	34.40	463.96	1 827.78	1 242.59	3.42	1 359.40	50.53	1 814.90	799.26	32.01	0.08
	成交金额	86.47	5 064.28	396.04	135.83	1 239.66	4 855.60	3 319.76	6.00	168.84	6.34	217.35	2 134.97	85.47	0.21
2017年	成交量	577.48	1 951.19	101.47	27.97	378.72	1 778.05	1 216.60	0.83	707.64	73.92	3 280.59	1 074.17	98.92	1.16
	成交金额	72.87	5 344.52	288.74	117.22	1 044.04	4 901.43	3 367.16	1.66	89.45	9.28	414.87	2 982.79	277.73	3.34
2018年	成交量	593.63	2 984.04	95.66	36.04	257.61	984.48	790.58	0.17	965.25	51.45	7 792.08	867.28	58.15	314.27
	成交金额	76.39	8 035.55	269.00	146.13	700.93	2 677.72	2 149.29	0.30	122.81	6.57	996.77	2 384.96	159.77	890.08

注：自营、代理品牌金的成交量统计销售量和回购量；黄金积存（黄金定投）成交量统计销售量和赎回量；2007-2013年黄金租赁业务成交量统计黄金租出量和归还量，自2014年起仅统计黄金租出量；2007-2013年黄金拆借业务统计黄金拆出量和黄金拆入量，自2014年起，仅统计黄金拆出量；黄金质押统计接收质押黄金的重量。

数据来源：中国人民银行上海总部黄金市场监测分析系统。

附表21 2006—2018年利率衍生产品交易情况

单位：笔、亿元

年份	普通利率互换		标准利率互换		债券远期		标准债券远期		远期利率协议	
	交易笔数	名义本金额	交易笔数	名义本金额	交易笔数	交易量	交易笔数	交易量	交易笔数	名义本金额
2006	103	355.7	—	—	398	664.5	—	—	—	—
2007	1 978	2 186.9	—	—	1 238	2 518.1	—	—	14	10.5
2008	4 040	4 121.5	—	—	1 327	5 005.5	—	—	137	113.6
2009	4 044	4 616.4	—	—	1 599	6 556.4	—	—	27	60.0
2010	11 643	15 003.4	—	—	967	3 183.4	—	—	20	33.5
2011	20 202	26 759.6	—	—	436	1 030.1	—	—	3	3.0
2012	20 945	29 021.4	—	—	56	166.1	—	—	3	2.0
2013	24 409	27 277.8	—	—	1	1.01	—	—	1	0.5
2014	43 071	40 384.51	207	393	—	—	—	—	—	—
2015	64 812	82 587.33	996	5 024	83	19.6	59	17.2	—	—
2016	87 882	99 306.95	8	8	7	14.9	8	1.0	1	1.0
2017	138 404	144 057.59	0	0	15	12.0	0	0	0	0.0
2018	188 461	214 906.57	0	0	5	3.93	2 859	796.2	0	0

数据来源：中国外汇交易中心。